참빛 향한
믿는 자의
바람

참빛 향한 믿는자의 바람

초판1쇄 인쇄 2023년 8월 29일
초판1쇄 발행 2023년 8월 31일

지은이 김영선
발행인 이왕재

펴낸곳 건강과 생명(www.healthlife.co.kr)
주 소 03082 서울시 종로구 대학로7길 7-4 1층
전 화 02-3673-3421~2 팩 스 02-3673-3423
이메일 healthlife@healthlife.co.kr
등 록 제 300-2008-58호

총 판 예영커뮤니케이션
전 화 02-766-7912 팩 스 02-766-8934

정 가 17,000원

직 바램은… 항상 예수 그리스도를 깊이 생각하고 참 그리스도인이 되는 것

참빛 향한
믿는 자의
바램

김영선 목사

오직 바램은
너 항상
예수 그리스도를
깊이 생각하고
오직
예수를 바라는 것
그리고
말씀을 듣고
그의 형상을 보며
참
그리스도인이 되는 것

감사의 글

그 누가 알아주지 않는 숲 속에 가려진 하얀 들꽃이 바람의 도움을 받아 얼굴을 내밀고 향기를 품어 날립니다. 그러기에 흰 꽃이 지기 전에 존재를 세상에 알립니다. 꽃은 바람에게 고맙다고 연신 몸을 흔들며 인사를 합니다. 고맙습니다. 감사합니다. 당신은 하나님이 보내신 바람사자이십니다. 당신을 보내주신 하나님을 찬양합니다. 먼저 주님께 감사를 드립니다. 본 서책 "바램"이 스스로 해산의 능력이 없을 때 주님은 하나님의 사람을 보내시어 장애를 제거하시며 세상에 빛을 보게 하셨음을 감사드립니다. 특히 사랑하는 소망의 교회(부설 : 소망의 집)와 서울 노회장님이신 박 윤영 목사님의 격려와 기도, 물심양면으로 도움을 주셔서 오늘 해산하듯이 세상의 빛을 보며 바라는 사람들의 품으로 돌아가게 된 것과 출간하게 된 것을 감사드립니다. 특히 본 총회의 원로 목사님이신 김 서수 목사님의 격려와 기도, 그리고 총회 동역자님들의 기도가 오늘의 역사를 이루었다고 생각하며 함께 동참하게 하신 주님께 감사를 드립니다. 그리고 언제나 늘 함께 곁에서 기도와 격려로 내조하며 협력한 아내에게도 감사합니다. 끝으로 본 서책을 출판하기 위하여 수고하신 본 출판사 편집부장님과 여러 직원님들께 감사드리며, 이 모든 영광을 주님께 돌려드리며 감사드립니다.

_ 김 영선 목사 드림

✿ 목차

서문

    나는 시인이 아닙니다. 오직 하나님을 믿는 그리스도인이요, 그 분의 종 목사입니다. 젊은 날에 병약한 몸은 일찍 고독함을 알았고 그 고독 속의 독백은 주님을 만나는 축복이었고 주님과의 만남은 하나님을 찬양하는 고백이 되었고, 그 고백을 교회행사에 축시로 하나님께 감사드릴 수 있게 되었습니다. 오늘 이것을 모아 〈참 빛 향한 믿는 자의 바램〉이라는 책명으로 출간하게 된 것을 기쁘게 생각하며 이 모든 영광 하나님께 돌려드립니다. '바램'은 믿음의 고백이며 기도입니다. 교회를 설립하고 목사 임직하는 동료들을 축하하는 글입니다. 믿음의 동역자들이 주님의 뜻 안에서 섬기며 열매 맺음으로서 주님의 영광이 되고 기쁨이 되기를 기원하는 것입니다. 조금 욕심을 낸다면 이 글을 공유하는 믿음의 사람들이 오직 구주 되시는 예수님만 바라며 삶 속에서 주님께 고백하는 삶이 되었으면 합니다. 이는 삶 속에서 하나님과 소통하는 삶을 살아가는 것입니다. 주님이 나의 곁에 계신 것을 믿고 찬양하는 삶인 것입니다. 오늘날 종교는 의식과 외형적인 것으로 몸집을 부풀리고 크게 하는 데는 성공적이라 하겠으나 내면이나 영적으로는 심령이 메마르고 빈약해졌습니다. 지성이 하나님의 말씀을 깨닫게 하는 것이 아니라 성령이 말씀을 깨닫게 하며 하나님께로 인도하십니다(고전 2:10~14). 그러므로 주님과 동행한다는 것은 말씀과 성령이 믿는 자 안에서 함께 동행하는 것입니다. 하나님이 우리 안에 임재하심을 인식할 때 우리 속사람은 성령이 이끄시는 것을 인식하고 주님과 동행하며 그 어디에나 주님이 계신 것을 보며 찬양과 감사하는 삶이 될 것입니다. 세상은 정서가 메마르고 감정의 기복이 심하고 사랑이 식어가는 시대라고 합니다. 그러나 그리스도인들은 이 시대를 극복하며 온 세상 우주 만물 가운데서 우리를 새롭게 섭리하시는 주님께 감사하며 영광 돌리고 축복하는 삶이 되기를 바랍니다. 부디 주님을 만나 세상의 흐름과는 분리된 고독한 그리스도인이 되어 주님과 동행하시는데 본 글이 조금이나마 유익이 되었으면 합니다.

2023년 8월

김 영선 목사

Ⅰ _ 행사 편(行使 編)

사람이 마땅히 우리를 그리스도의 일꾼이요 하나님의 비밀을 맡은 자로 여길지어다
그리고 맡은 자들에게 구할 것은 충성이니라 (고전 4:1~2)

신앙고백하며
성직인 목사임직을 하고
하나님의 일 하겠다는
계획과 꿈이
자신의 욕망과 뜻을
관철시키려는 것보다
주님의 뜻을 따라
성령의 열매 맺는 동역자들이
되기를 바라는 마음입니다.
항상 주님 편에
서서 생각하며 사역하는
하나님의 사람이
되시기를 바라는
마음의 기도입니다.

✳ 등대지기 ✳

가을 빛
설레 바람에 실리어
푸른 숲
나뭇가지 사이로 지나면
고운 빛 단풍 물들이고
사랑의 빛
성령의 바람 불어와
영혼에 스며들면
생명의 빛
어둠 속 깊은 곳에
작은 빛 등대가 된다.

등대지기여 ~
푸른 바다 지평선 지킴이
너 파수꾼 되어
오늘도 홀로 서 있었구나
밤이 오면
어둠 속에서 들려오는 소리
파도에 휩쓸려 표류하는
길 잃은 자 신음소리
빛을 찾아 포구에 들면
깊은 숨 들내 쉬며

밝은 미소로
저 푸른 밤하늘을 바라본다.

밝은 태양
그 빛 가리던 날
지평선 끝 닿은 곳
물안개 피어오르고
검은 구름 몰려와
비바람 폭풍 몰아쳐도
흔들리지 않는 굳은 신념
그 영혼의 빛
너 언제나 그곳에 서서
위난에 빠진 자들
희망의 빛 구원이어라.

너 등대여 !
생명의 빛을 비추어라
어둠의 질곡에서
길 잃어 울부짖는 영혼들
견인해 들이는
생명의 빛이 되어라
너 등대지기 빛의 사자여 ~

✳ 하늘 빛 사자 ✳

가을 빛 하늘
온 땅 가득할 때
나뭇잎 오색 꽃을 피우며
열매 가득하고
가을 향기 품어 내며
온 산야를 붉게 물들이고
가을 익어가는 소리에
내일을 꿈꾸며
하늘 빛 향해 미소 짓는다.

주님의 은혜로
생명의 빛 가슴에 품은
하늘 빛 사자여 ~
내일 오기 전
순례의 길 달려왔는가?
석양 빛 노을 속에 비친 눈물
회한에 젖어
내일을 향한 독백
주님께 나부죽이 경배 드린다.

하늘 빛 사자여 ~
어둠이 삼킨 거친 광야 길

혼돈 속에 갇힌 영혼
하얀 달빛 속에 더듬어 찾는가?
목마름의 신음소리
주여 긍휼을 베푸소서!
어둠의 껍질 찢어 생명 되리라
하늘 빛 소망 꿈꾸며
주님께 나부죽이 기도드린다.

* 세광 *

하늘 문 열리는 날
세광은 온 세상 빛 되어
작은 틈새로
어두움 밝히며
어둠 속 옹동그라진 영혼
생명의 기지개를 켠다.

세광은
하늘에서 내려온 빛
후미진 구석구석
소외된 영혼 찾아 위로하고
배트작거리는 거리마다
가슴으로 품는 사랑
너 생명 흐르는 반석이어라.

세광이여 ~
하늘 빛 보라 하는가?
세광이 흐르는 곳
생명의 씨 뿌리 내리면
푸른 빛 영원하고
광야의 날짐승 깃들이며
평안의 둥지 틀어 안식한다.

하나님의 백성들아 ~
생명의 꽃 피워라
복음의 열매를 맺어라
세광의 밝은 빛
너 타오르는 불꽃처럼
부흥하고 또 부흥하여라.

✳ 순례자 I ✳

하늘의 한 빛
좁은 틈 사이로 들어와
어둡던 영혼 속에
밝은 빛 생명이 되고
메마른 영혼 가슴으로 품어
그들의 꿈이 되려하는가?
작은 빛의 힘
하늘 한 빛의 능력이라
틀 속에 갇힌 어둠 사라지고
순례자는 노래 부르는가?
환희에 가득 찬
푸른 생명들이 춤추며
온 땅 즐거이 노래 부른다.

성령에 취한 바람아 ~
단비를 싣고 가는 조각구름
메마른 땅 광야에
은혜의 단비 되려하는가?
순례자의 손
광야에 흩어 뿌린 씨앗들
생명의 촉 솟아나면
빛 생명 가득히

이 땅 복음의 열매 맺으리라
너 순례자여 ~
비를 품은 하늘 구름이여 ~
은혜의 단비 내려
온 땅 위에 흡족히 내려다오.

✳ 순례자 Ⅱ ✳

복음의 십자가
등에 지고 먼 길 가는 순례자
좁은 너덜 길 오르는가?

하늘 바람 불어
은혜의 단비 내리니
길 떠나가는 조각구름 하나
열사의 간들바람 불어
생명 없는 티끌 날리면
저 넓은 광야에
목마른 자의 샘 되려하는가?

갈한 영혼 목마른 입술 축이면
푸른 빛 생명
온 땅 위에 가득하리라.

하늘 태양아 ~
어두운 길 밝게 비추어라
높은 산 낮아지고
깊은 골짜기는 메워져라
왕의 길 예비하는 순례자
순풍에 떠밀려 가는가?

낯설고 먼 이국땅
목마른 영혼 찾아가는
순례자의 길 평탄케 하라
먼 훗날이 오면
광야에 핀 생명의 꽃을 보며
나 너와 함께 있어
행복하다 순례자는 웃는다.

✳ 선지자 ✳

주님 창조의 기운
선지자의 가슴 가득하고
그 영광의 빛
깊은 골짜기로 내리시니
온 땅이 성령에 취하였도다.

그대는 듣는가
작은 잎새에 바람 이는 소리
푸른 하늘 솔향기 날리며
가슴 속삭이는 숨결
죽은 자들이 깨어 돌아오리라.

우주로 가득 찬 소리
주님 마음 문 두드리는 소리
문빗장을 풀어라
그대 영혼의 문 열리면
주님 항상 함께 거하시리라.

선지자여!
저 거친 광야에 꽃 피우며
복음의 열매 맺어라
너는 생명수 샘
온 땅 위에 푸른 생명이어라.

주의 소리여 ~
철장을 높이 들고 외쳐라
음부의 권세 무너지고
흑암과 어둠이 갈라지리니
주의 영광 온 땅 가득하리라

✳ 파송자를 위한 기도 (졸업) ✳

사랑하는 자여 ~
그대 세상을 향한 발걸음
바다로 간 아이
어찌 기도하지 않으리요
하늘을 향한 기도
너 복음의 밀알 되려느냐?
주가 너와 함께 동행하리라.

십자가의 그 사랑
가슴으로 품어
광야로 발걸음 옮기는가?
노래하며 헌신으로 가는 길
순례자 걸음마다 꽃을 피운다.

사랑의 눈물 속삭이는 소리
그 향기로 영혼을 깨우고
열방을 향한 사랑의 몸짓으로
생명의 불꽃을 피우는가?
순례자여 그 사랑 영원하여라.

사랑하는 자여 ~
오늘 복음으로 나았으니

광야를 향해 발길 옮기는가?
거칠고 황폐한 산야
그 영혼의 소리 가득할 때
돌들이 소리 지르며
가시나무 향기 발하리니
흑암이 사라지고
영원한 푸른 빛 생명
온 세상 가득히 덮는다.

하늘이여 축복하소서!
주의 이름 높이며
거친 세상 광야 속으로
한걸음 한걸음씩
열방을 향해 나갈 때
주님은 오늘 축복하소서.

사명의 길 가다 지쳐
로뎀 나무 아래 쓰러질 때
주는 떡과 물 먹이시며
힘과 능력이 되시옵소서
주는 일향 미쁘시니
선지자들의 찬송이 되옵소서.

✳ 외치는 자의 소리 ✳

광야 길 가는 순례자여 ~
평화를 노래하는 나그네여
길 가에 핀 생명의 꽃 보았는가?

푸른 생명 없어
흘리는 순례자의 눈물이여
메마른 사막에
그 흔적 찾을 수 없어도
씨앗 뿌리는 소리 남아 있어라.

하늘 백성들아 귀로 들어라
외치는 자의 소리
광야를 향한 생명의 소리
그 소리 듣는 자 누구이던가?

황폐한 사막
하늘 빛 생명 없으니
모두 눈먼 소경 귀머거리
듣고 깨닫는 자 없었구나.

순례자의 생명수 샘 말랐으니
너 하나님의 사람아 어이 할꼬

메마른 바람 속으로
물 없어 티끌만 허공을 나른다.

✳ 선지자는 생수 ✳

가을 빛 물들어
곱게 익어가는 단풍잎
광활한 평원 속에
건들바람 불어
일렁이는 황금물결
가을 향기 되어
영혼의 촉각을 일깨운다.

일어나라
영혼을 깨우는 소리
선지자 외치는 영음의 소리
산울림 되어
깊은 곳에 은은히 스며들고
거친 바람 광야에 불어
빈 허공에 날려 난무하는가?
생명 없는 티끌들
귀 있는 자 들을지어다.

성령의 바람 불어와
이끌린 삶
오늘이 가기 전
바람 따라 길 가는가?

선지자는
생수 담은 하나님의 박구기
비를 품은 구름
바람 따라 비를 내리고
메마른 티끌 위에
생수 되어 꽃을 피운다.

✳ 생명의 빛 ✳

오늘은
하늘 문 열리는 날
생명의 빛
봄바람 속에 스미어 들고
온 땅 일곱 회를 돌아
마른 가지 위에 내리니
생기는 꽃을 피우며
향기 가득히
하얀 미소를 짓는다.

밝은 빛 태양
생명의 생기 감돌아
온 누리에
녹색 빛 생명으로 피어나
봄 내음 가득하고
영혼을 울리는 하늘의 소리
생명의 꽃이 되어
복음으로 열매를 맺는다.

하늘 빛 사자여 ~
사랑을 품은 로고스여
주의 소리되어 외치는가?

하늘의 음성 울릴 때
땅들이 진동하고
메마른 가지들 생기 돌아
깊은 잠 깨어나고
생명의 숨결이 어리면
복음은 꽃피워 열매 맺는다.

단상에서 외치는 소리
천상의 소리
생기 흐르는 생명의 소리!
바람에 실어 날리며
하늘 흰 구름 따라
산마루 재 넘어가느냐?
마른나무 가지들 춤을 추며
푸른 빛 생명을 옷 입는다.

깨어라 주의 백성들아 ~
잠자는 영혼들아 일어나라!
너는 외치는 자의 소리
메마른 땅들이
생기 돌아 꽃을 피우리라.

✳ 샘물 ✳

주님 세우신 계획
억만 년의 세월 흘렀어도
빛으로 오셔서
그 계획 이루시며
주님 영광을 받으셨도다.

설립된 교회여 ~
너는 거룩한 주의 성전이라
그의 향기 가득히
성령의 기름 부으셨도다.

성령의 인도하심이련가
칠전팔기 일어나
십자가 지고 가는 철인이여
진리의 길 따르며
주님이 주신 은혜라 하네.

하나님의 교회
므리바 반석의 샘물이여
어두운 질곡에
흐르는 목마른 자의 생수
너 생명의 원천이 되었도다.

주님이시여 ~
고난의 시련 털어버리며
주님만 의지하는 자
성령의 능력으로 옷 입히시고
응답하는 교회로
주의 은혜가 충만하게 하소서.

✳ 주님의 교회 ✳

주님의 몸 된 교회여 ~
너의 그 향기는
바람에 실린 복음의 향기요
거친 사막에 핀
흰 백합화 꽃향기로구나.

주님의 교회여 ~
너 복음으로 맺은 결실이요
잘 익은 포도송이
즙 틀에 넘치는 붉은 포도주로다
세상은 포도향기에 취하고
벌 나비 날아들듯
너 복음이 낳은 주님의 향기라.

주님의 소리여 ~
빛을 잃어버린 절망 속에서
절규하는 가련한 인생들이여
하늘의 소리 가슴에 담아
소망의 빛 되었는가?
여명이 온 땅 밝아 오듯이
주님의 소리 너의 희망이어라.

주님의 몸 된 교회여 ~
값없이 받는 십자가의 수혈
오직 주님 능력이라
어두움 불 밝히는 등대처럼
생명의 빛 비춰주는
주님의 교회 믿음의 능력이어라.

✴ 하나님의 축복 ✴

주님의 사람아 ~
눈물로 무릎을 적시며
엎드려 주께 기도하는 자여
하나님의 축복!
반석의 물 넘쳐 흘러나고
목마른 자 기뻐 춤추며
은혜의 강물은 넘쳐나리라.

하나님의 사람아 ~
주님의 축복
굳센 믿음의 터를 닦아
주님의 성전 세우고
그 문으로 들어가 경배하며
엎드려 간구하는 자
응답으로 주님 영광 보리라.

나의 하나님이여 ~
우리의 기도 들어 주소서
황폐한 땅 위에 은혜의 단비
내려 주시고 이 땅 새롭게 하소서
나의 영혼아 즐거워하라
주님의 영광 오늘 임하셨도다.

✳ 새 물결 ✳

저 혼탁한 세상
새 물결 새바람 이는가?
주 앞에 엎드려 기도하는 자
부르짖는 그 소리에
하늘 문 열리고
성령의 바람은 일어나
새 물결로 온 세상 덮는다.

하나님의 사람아
주께 속죄의 눈물 흘리며
옥합을 깨트리고
눈물로 주의 발 씻어내며
사랑의 입맞춤으로
주의 사랑 받는 마리아여 ~

새 물결은 대양을 향하고
전도자 하늘의 소망 품는가?
세상은 혼돈과 공허 속에서
신음하며 몸부림칠 때
생명을 살리시는 주님의 손길
새 물결로 세상을 향해 흐른다.

✳ 생명을 품은 바람이여! ✳

생명을 품은
그대는 바람 같은 사람!
선지자의 길 가며
외치는 그 소리
생명의 꽃향기 되어
온 땅 광야를 덮는다.

녹슨 영혼의 문
발품 팔아 문 두드리며
거친 산야 넘나드는
그대는 복음을 실은 바람
잠시 머물 수 없어
티끌 속으로 몸을 날리는
한 알의 밀알이었네.

황폐된 광야
깊게 패인 자국마다
푸른 생명 소생하고
그 속에 이는 성령의 바람
대륙을 뜨겁게 달구며
혼신을 다 하는가
지금 그 영혼 산화되려 하네.

생명의 말씀은
홀씨 되어 바람을 타고
 거친 광야로 날며
그 선지자 머무는 곳
푸른 빛 생명으로
온 땅을 새롭게 하려 하네.

오 순례자여!
그 바람 멈출 수 있는 곳
주님 품뿐이라오
먼 길 가다 지치거든
푸른 하늘 보며
긴 한숨 마시고 가오
생명 품은 그대 바람이여!

✳ 축복의 날 ✳

사랑의 주님이시여 ~
은혜교회가
축복의 잔 높이 들었으니
하늘 문 열어
은혜를 부어 주소서
주 사모하는 자
믿음의 신앙고백 들으시고
축복의 날이 되게 하소서.

하늘 백성들아 ~
땅에 불어 이는 바람 소리
영혼의 잠 깨우고
수줍은 듯
고요히 꽃 피워
그 향기 바람에 날리며
세상을 향해 미소 짓는다.

사랑의 빛 가득한
은혜교회는
반석에 뿌리 깊이 내리고
동서남북 향해
포도나무 줄기 뻗어나듯이

참 빛 가득히 꽃 피우며
주님께 찬양 드리니
온 땅은 귀 기울여 들으리라.

＊ 신광 ＊

천궁의 문 열리고
신광이 온 누리 비출 때
치악산 산등성이
줄지어 겹겹이 두르고
즐비한 나목들
긴~ 잠 깨어 봄을 맞는다.

양지 바른 곳
아직 흰 눈 녹아내릴 때
한 알의 밀알
땅에 떨어져 죽어지면
생명으로 거듭나
세상은 녹색 빛을 발한다.

주님의 은혜로
엎드려 흐느끼는 선지자
작은 가슴에
신광은 스며들고
그 빛 작은 틈 사이로
하나님 영광을 선포하네.

오 신광이여!
흑암의 권세 무너뜨리며

믿음의 향기로
하늘나라 영광이 되어라.

오 ~ 주님!
신광이 머무는 곳
거룩한 이 곳
발의 신을 벗으라 하소서.

* 엘림 *

하나님 입의 기운
엘림에 불어 내리는 날
껍질 찢어질 듯
꽃망울 부풀어 오르고
해산의 진통을 겪는가?
버성긴 틈새로
밝고 투명한 녹색빛
눈부신 생명의 꽃을 피운다.

엘림의 백성들아 ~
마라의 쓴물 해결할 수 없어
하늘 보며 통곡하는가?
깊은 영혼 속에
믿음의 나뭇가지 너 던져라
그곳 생수 되어
영혼의 목마름 해갈되고
엘림은 큰 기쁨 넘쳐나리라.

엘림은 사막의 꽃
순례자를 위한 오아시스
모래바람 날리는 거친 광야 속
메마른 영혼들의 쉼터

지친 영혼들의 기쁨!
여기가 지상 낙원이런가?
무거운 짐 풀어
영혼의 쉼 얻으리라 하시네.

광야의 긴 여로
본향 찾는 나그네의 삶 속에
엘림이 있고
종려나무 칠십 주
하늘 향하여 곧게 섰으니
주님의 교회
믿음의 기둥 세우시고
열두 물 샘
생명수 샘 솟쳐 나와
목마른 영혼 구하라 하시네.

오 거룩하신 주여!
엘림 그 곳 열두 물 샘의 생명수
심령 깊은 곳에
영생의 샘물로 흐르고
엘림의 영광
푸른 생명 가득하게 하소서.

✳ 한 빛 ✳

하늘 문 열리는 날
하늘의 한 빛
온 세상 빛으로 가득하고
그 빛 사랑
생명의 꽃 피우며
하늘 빛 열매를 맺는다.

오 형제 자매여 ~
하늘의 한 빛을 마시며
빛을 품어 온
그 생의 뜨거운 열정!
광야에 푸른 생명 잠 깨우며
한 길 달려온
억 만의 시간 속에서
한 빛은 그렇게
온 세상 생명의 꽃을 피운다.

흩어진 백성들이여 ~
부르심 받아
빛의 자녀 된 하늘 성도여
한 빛 되었는가?
일어나라 하나님의 사람아!

생명의 빛
한 빛 속에서 하나 되고
온 누리 가득한
생명의 불꽃을 피우며
뭇 영혼 이끄는 등대이어라.

오 하나님의 교회여 ~
세상 속의 빛
흑암을 가르는 한 빛 되었는가?
냉대 속 울부짖는 세상
소외된 영혼들 가슴에 품어
사랑의 꽃 피우는
천상의 빛이요
혼탁한 세상을 향한 등대라
오 생명의 빛들이여 ~
그 빛 한 빛으로 온 땅 덮는다.

✳ 카리스 타임즈 창간 ✳

하늘 문 열리는 그날
지구촌 온 땅
푸른 생명을 품고
기쁨과 슬픔이 시작되면
카리스는 시간을 따라
거친 광야를 향해 달린다.

너 은혜의 카리스여
주의 자비로
푸른 생명 위에 가득하라
어제의 내일은
카리스 타임즈 창간하는 날
내일의 번영을 꿈꾸며
하늘과 땅들은
노래하며 춤을 추고
푸른 생명들은 꽃을 피운다.

꿈이 시작되는 날
그때 그곳에
카리스는 함께 있었고
내일이 오기 전
어둠을 깨트리며

솟쳐 오르는 활화산처럼
그 위용 드러내고
저 푸른 하늘을 덮는다.

카리스여 꿈을 펼쳐라
하늘 나는 독수리보다
더 높이 비상하라
참 밝은 빛
온 누리에 가득하고
푸른 생명들의 희망 되어라.

카리스 타임즈여 ~
시간 속의 꿈
너 들내며 영원 하라!
땅 위에 거친 숨 들내 쉬며
호흡 있는 자
너를 축하하며 노래 부른다.

✳ 성약 ✳

하늘 문 열리며
만물이 창조 되던 그날
창조의 율 있고
주님을 따르는 백성들
거기 그 곳에
성약의 빛
우주의 조화를 이루며
복음의 향기로
믿는 자 가슴에 있었구나.

복음은
성약의 본질이련가?
생명의 빛
혼돈의 어둠 속 스며들고
깊은 그 곳
웅크려 갇힌 영혼들
빛 속으로 이끌어
하늘 성전 기둥 되었으니
너 반석 위에 세운
주님의 교회
성도를 영생의 길로
이끄는 생명의 끈이어라.

하늘 문 열리면
주의 성약은
 땅 위에 내리는 단비되어
영혼에 젖어들고
포화되는 생명의 씨앗들
복음의 꽃 피어나면
그 향기는
낮은 곳으로 흘러들어와
소외된 자 가슴에
뿌리내려 사랑을 노래한다.

성도여 일어나라!
영원한 하나님의 나라여 ~

✳ 새 능력으로 ✳

하늘 꽃향기
복음의 향기로 내려와
온 땅 가득하고
가슴에 젖어 흐르는
평강의 샘
생명의 새 능력이었는가?
반석에 뿌리 깊이 내린
푸른 생명나무들
단비에 젖어
푸른 나무 깨어났으니
새 하늘 새 능력이어라.

오 ~ 이날은
주님이 약속하신 그날!
오롯이 인내하며
너 엎드려 기도하던 사람아
하늘 문 열리고
성령의 단비 온 몸 적시며
새 능력으로
빛의 갑옷 입는 그날!
외치는 자의 소리
산과 들이 전율하는가?

새들이 노래하고
푸른 나무들 춤을 춘다.

하늘 복음은
온 땅으로 열매 맺는가?
오늘을 기다려
하늘 문 열렸으니
복음은 바람 타고 흘러
생명의 홀씨로
거친 광야 속 깊은 곳에
날아 스며들고
목마름 속 울던 영혼들
새 능력으로
새 생명의 꽃을 피운다.

성령의 빛!
여린 가슴 속 스며들고
그리스도로 옷 입는가
새 능력으로
외치는 광야의 소리
긴~ 여운 메아리로
푸른 산 거친 광야를 덮는다.

땅들아 소리 내어 외쳐라
푸른 생명나무들아 ~
잠깨어 일어나라!
생명수 샘 여기 솟구쳐 흐른다.

✳ 가나안으로 ✳

가나안은
좁은 길 달려온 자
거친 숨결 들내 쉬며
영혼의 쉼을 얻고
교만한 자 드나들 수 없는
좁고 낮은 문
엎드려야 들어가는 그곳
언약의 땅 가나안
지친 영혼들이 안식하는 곳.

주님 약속의 땅
거친 너덜 길 광야를 지나
믿음으로 가는 곳
주 찬양하며 경배하는 소리
평안의 안식을 찾아가는
성도의 기도소리
선포되는 말씀의 능력
영원한 생명으로 너를 깨운다.

가나안은 겸손한 자
주의 이름으로
나부죽이 엎드려야만

들어갈 수 있는 약속의 땅
젖과 꿀 흐르고
생명수 샘 넘쳐흐르는
축복의 땅
푸른 생명나무 열매 가득한 곳.

선지자는
눈물로 기도드리는가?
외치는 그 소리
가슴 속에 품은 사랑
하늘 복음의 향기이련가?
사랑의 소문
온 땅 흩어져 꽃을 피운다.

✳ 카리스 부흥사회 ✳

어둠 속에
빛 되어 내려온 은혜
하늘 카리스여 ~
사랑의 갈증
목마름의 땅
죄악은 숨어들어
그 땅의 정신 무너졌는가?
무질서 속에
흑 무 가득한 혼돈된 세상
하늘은 다시금
그 땅 생명의 씨를 뿌린다.

하늘의 빛
카리스 부흥사 협의회여!
온 누리 거친 땅 위에
부흥의 불꽃
너 오롯이 타오르고
말씀의 능력으로
굳은 땅 너 기경하며
하늘 복음의 씨를 뿌려라
온 누리 땅 위에
푸른 생명들이 깨어나리라.

성령의 바람
하늘의 향기 되어
믿는 자 가슴으로 스며들고
생명 살리는
능력의 말씀 되어
마른나무 꽃을 피우리라
온 누리 땅 위에
복음의 꽃을 피우는
하늘 사자여 ~
주님의 소리 되어
그의 뜻 그 의를 이루어라.

✳ 비상(飛翔)하라 ✳

성령의 바람
흩어진 하늘향기 모으고
합동 국제라 명명하는가?
선장의 꿈
항선에 복음을 싣고
내일을 향해
소망의 꿈을 심는다.

온 땅 주님의 뜻 이루기까지
푸른 창공 긴 울음소리
독수리 거친 숨결소리
푸른 하늘 날지 못해 울던 너
꿈의 날개 얻었으니
어제는 이상을 가슴에 담고
오늘은 꿈을 향해
저 하늘 높이 비상을 한다.

독수리는 비상하라!
국제 신학 개혁 복음
양 날개를 펼치고
온 누리에
의의 열매 맺으며

가슴으로 품어온 주님의 뜻
독수리 날개 깃 펴고
저 시온 성 향해 비상하여라.

✳ 나부시 기도하는 너 ✳

나부시 기도하는 너!
하늘의 소리
푸른 생명의 숨결 소리
메마른 땅
너는 생명수 샘
소외된 영혼 위로하는
아픈 자의 눈물
가나안 땅 생수가 되리라.

선한 마음 그 향기는
주님의 능력
영혼에 스며든 생명의 향기
이 땅 위에 흩뿌려진
복음의 흔적
너 생명의 꽃으로 피어난다.

외치는 자의 소리
가나안 속으로
한 더미 바람에 실려 퍼진다
흐르는 빛처럼
시간처럼
온 땅 빛 되어 번져간다.

주님의 거룩한 손
준비된 자 기름 부으셨으니
멍에 메는 자여!
하늘 향해
어제는 눈물 흘리고
오늘 미소 짓는
너 샤론의 백합이어라.

주님의 눈길
거룩한 곳
가나안 땅 머무셨으니
기름부음 받은 자
그 섬김이
하늘 향기 되어
온 누리에 번져가리라.

✳ 풍성한 빛 ✳

밝은 빛 세상
풍성한 해오름의 빛
온 누리 비추고
땅들은 노래 부르는가?
오늘 가기 전
생명의 씨 흩어뿌리는
목자의 노래 소리
듣는 자는 살아나리라.

풍랑 속 세상 바다에
거친 파도
꾸짖는 하나님의 사람아!
메마른 영혼 속
옹동그라진 생명의 씨앗
부딪혀 스며든 빛
생명의 소리
너 깊은 잠 영혼을 깨운다.

하늘 빛 복음
가슴에 품어 온 사람아!
생명을 향한 사랑
속삭이듯 세미한 소리는

영혼을 두드리는가?
흔들리는 작은 틈 사이로
생명의 빛 스며들고
푸른 생명들이
빛 속에서 빛을 바라본다.

하나님의 교회여 ~
하늘 빛 날개를 펼쳐라
생명의 말씀 등허리에 싣고
하늘 높이 비상하라
주의 밝은 빛
온 땅 마른 가지에 단비되고
푸른 빛 생명
교회는 열매로 풍성하리라.

✳ 우리선교교회 ✳

푸른 빛 하늘 아래
산등성 마루턱이
높이 솟아있는 명지산
푸른 숲 잣나무 향기
품어 날리며
연인산 칼봉산 동무되어
산등성 산줄기 어우리고
깊은 계곡 맑은 물
가평천 되어 흐르는가?
살아있는 자 젖줄이 된다.

그 빛 하늘 아래
푸른 산줄기 이어달리고
계곡 맑은 물소리
삼인의 동역자 어우러져
천상의 노래 부르며
설립된 우리선교교회
성전 가득히
봄기운 감돌아
영혼 속으로 스며들고
영생의 꽃 피어나
하늘 복음은 열매를 맺는다.

우리선교교회
주님의 사자들이여!
십자가 지고 주님 따르는가?
그대 선 곳 거룩한 곳
발의 신을 벗어라
너 길 잃은 자들의 등불
밝은 빛 되어라
흑암 속에서 방황하는 영혼
이끌어 돌아오리니
너 복음의 열매를 거두리라.

✳ 총회 신년 하례식 ✳

합동선교 총회
빛의 사자들이여!
지나온 한 해
붉은 석양빛 노을 속에
드리워진 긴 ~ 그림자
밤의 뒤안길로 사라져 가고
해오름의 소리
제야에 울리는 종소리
새벽하늘 깨우는
전도자 기도하는 소리여라.

합동선교 총회여!
신년 새해
영혼의 창 여는가?
밝은 빛 눈부신 하얀 햇살
온 땅 가득할 때
신년 하례식
내일을 향한 기도
믿음의 열매를 맺으리라.

합동선교 총회
하늘 빛 사자들이여!

그대들은
복음으로 된 하늘 향기
영혼을 깨우는
하늘 생명의 꽃이어라.

합동선교 총회
부르심 받은
거룩한 동역자들이여!
십자가의 복음
생명의 빛
새벽하늘 어둠을 가르며
영혼을 깨우고
해오름의 새해를 바라본다.

✳ 새 능력 ✳

겨울빛 햇살
생명의 빛
온 누리 땅 위에 내리며
생명의 숨결 어리는가?
새 능력으로
나무껍질 속 옹동그라진 생명
천년 세월 기다려
생명의 향기로 머물고
내일은 꽃 피워
마른 가지들이 열매 맺는다.

본향 찾는
하늘 나그네여 ~
여기 하늘 문 열렸으니
새 능력이라
단상에서 선포되는 복음
천상의 소리
가슴 깊이 젖어들면
진리로 거듭나
복음의 횃불되리라
온 누리의 빛
너 사랑의 노래 부르리라.

새 능력은
십자가 보혈의 피
너 오롯이
반석 위에 세워진 교회
사랑의 빛 햇살
생명의 꽃을 피우며
내일을 향해
밤낮 부르짖던 기도 소리
주님 들으셨는가?
오늘이 지난 오늘
너 부흥의 열매를 맺어라.

✳ 하늘의 바람 ✳

생명의 말씀
큰 그릇 마음속에 담아
진리에 머물고
선지자 외치는 그 소리
하늘 바람 소리
생명의 빛 어리는가?
뭇 영혼들 속에
생명의 꽃으로 피어난다.

온 누리 땅 위에
성령의 바람 불어 일고
하늘 빛 가득히
벧엘에 스미어 어릴 때
하늘의 바람
녹색 빛 생명 물들이며
가지마다 피는 꽃
오롯이 향기 되어 날린다.

벧엘 선지자여 ~
복음 가슴에 품었는가?
진실 속에 피는 꽃
하늘의 바람

앙상한 나뭇가지
푸른 빛 생명 깨어나고
스쳐 지나는 바람에
활짝 핀 꽃향기 묻어 날린다.

주의 선지자여!
광야에서 외치는 자의 소리여~
빛의 능력으로
세상 어둠을 가르는가?
성도의 밝은 미소
하늘 빛 생명의 복음 되어
믿음의 향기로
온 땅 가득한 바람이어라.

* 소망 *

하늘 문 열리는가?
빛의 바람 소리
영혼에 불어내리고
생명의 빛
땅 위에 어릴 때
영혼에 피어나는 꽃
하늘 빛 물들어
소망의 열매를 맺는다.

푸른 빛 하늘 아래
울려나는 영음
선지자의 기도소리
나뭇가지들
녹색 바람을 입으며
영생의 소망
푸른 빛 열매를 맺는다.

하나님의 사람아!
선지자의 품은 작은 소망
금 그릇
은 그릇 속에 담아
고이 간직한 십자가의 사랑

주님 오시는 날
부활의 소망 이루어지리라.

✳ 흰빛 ✳

하늘 문 열리던 날
생명의 빛
흰빛으로 내리면
어둠 속 옹동그라진 영혼에
생명의 꽃 피우며
복음의 숨결 일렁이고
반석에 뿌리깊이 내리면
흰빛은 생명의 숨결 되리라.

하늘 빛 은총 입은 자여 ~
내일이 오기 전에
성령의 바람 불어 내리고
주님 기름 부으시니
믿는 성도의 본이 되는가?
생명의 숨결로
흰빛 속에 피어난 꽃
그리스도 복음의 향기이어라.

하나님의 종들아 ~
푸른 하늘 흰 구름 위로 날며
빛의 전령 되려는가?
독수리 두 날개 얻었으니

험산준령 거친 광야 위로 날며
생명의 빛 뿌려라
하늘 영광 온 땅 가득히
너 복음의 주역이 되어라.

✳ 가을 흰 꽃 ✳

주님 곁에 머물던 빛
계절 따라 내려 와
가을 숲 속 스미어 머물고
억새풀 틈 사이에 핀
가을 흰 꽃이
하늘 향기를 품어낸다.

하늘 빛 조명 속에
길 걸어온 삶
주님 음성에 귀 기울이며
함께 동행하는 길
진리의 발자국 따라 걸으며
푸른 빛 생명으로 피어나고
잔잔한 물 위로 걷는 삶
한평생 주를 향한 마음이어라.

사랑하는 자여
그대는 주님의 사랑
생수의 강 흐르는 반석 위에
뿌리 내린 가을 흰 꽃
생수 품어 향기 되었는가?
깨뜨린 마리아의 옥합

나드 향보다 짙은 향기
바람에 실려 날리니
온 땅 위에 가득하여라.

하나님의 사람아
생활 속 쓰디쓴 잔 마시며
고요히 걸어온 길
오직 주를 향한 믿음의 여정
시간은 가을 빛 물들고
검은 장미 백장미 되었는가?
가을 숲 억새풀
틈 사이로 핀 가을 흰 꽃
밝은 빛 해 맑은 미소
향기 되어 바람으로 날린다.

✳ 졸업 ✳

사랑하는 전도자여 ~
생도의 길
거친 숨 들내 쉬며 달려와
어렵사리 졸업하는가
만학의 길 달려온
선지생도여~
아직도 가야만 하는 먼 길
철학과 이념 속에
비틀거리지 않도록
주님 손잡아 이끌어 주소서!

선지 생도들이여 ~
유흥과 쾌락이 난무하는 바벨
악한 세상 등 돌려
좁은 가시밭길 헤쳐 왔는가?
말씀은 세상 궤변 이겨내고
믿음 더욱 새로워지니
한걸음 한걸음씩
선지생도 믿음으로 가는 길
성령의 빛 비춰 주시고
주의 강한 손 함께하옵소서.

✻ 믿음과 인내로 ✻

사랑하는 자여
들리는가?
폭풍 속 비바람 소리
서로 사랑하라
벧엘은 너를 품고
푸른 꿈 가슴 가득히 심어
하늘 보라 하시는가?
세미한 음성
영혼을 울리는 소리
귀 있는 자 들으라 하시네.

사랑하는 자여
주님이 그대 부르시고
사랑으로 품어
오늘 해산의 기쁨 누리는가?
너 하늘 길목에 핀
한 송이 복음의 꽃이 되고
믿음과 인내로
하얀 생명의 씨앗 되었는가?
너 성령의 바람 타고
새로운 선교지로
길 떠나 간다.

사랑하는 자여 ~
주님 성령의 기름 부으시니
너 잔을 높이 들어라
생명수 샘 가득히 넘쳐나리로다
천사는 수종 드는가?
푸른 나무 꽃 피워 열매 맺고
믿음의 뿌리 내린 곳
하나님의 숨결로 가득하니
살아 숨 쉬는 푸른 나무
너는 영원한 생명의 빛 되어라.

✱ 연장 교육 ✱

합동선교 총회 회원
빛의 사자들
삼박사일 연장 교육
무덤여행
빛의 인도하심 따라
오늘 모여 길을 떠난다.

푸른 산등성이
겹겹이 둘러 성벽 쌓은 듯
줄기 뻗어 내리고
들쑥날쑥 깊은 골짜기
참 샘골
주님 터전을 이루셨는가?

아름다운 계곡물
작은 언덕 위에
주님 세우신 수양관
주의 사자들 오늘 모여
외치는 기도소리
푸른 나뭇가지 떨어 울고
하늘의 달과 별
부끄러 얼굴을 가리니

서쪽 새 피 토하듯
밤새워 저리도 슬피 운다.

합동선교 총회
빛의 사자들이여 ~
복음의 빛
이 땅 어둠을 몰아내고
빛의 소리로
가득히 번져 나가면
그 날에
생명의 열매를 맺으리라.

✳ 지구촌 교회 ✳

지구촌은
태고 적 말씀으로 세워진
주님의 솜씨
산고의 고통 겪으시며
우주는 탄생하고
선택받은 지구촌 교회
주님의 숨결 불어 내릴 때
혼돈 속에 머물던 너
생명은 잉태되어 꿈틀거리고
지구촌 깨어나
푸른 물결 일렁이며
생명의 꽃을 피워 열매 맺는다.

지구촌 교회여 ~
잃은 양을 찾아 외치는가?
어둠 속 웅크린 영혼
앞 못 보는 소경
가시덤불 속 갇혀 있는
길 잃은 양 찾아라!
주님의 소리 그대 들었는가?
장등에 불 밝혀
어두운 포구 비추는 등대라

불나방 날아들 듯
교회여 부흥하며 성장하여라.

지구촌 교회여 ~
주님의 은혜로 인내하며
긴 기지개를 펴고
광야를 향해 포효하듯 하라
진통 속의 해산
믿음의 자녀 출산하려는가?
광야에 이는 바람
복음은 홀씨 되어 날리고
세상은 씨를 품어 꽃 피운다.

지구촌 교회여 ~
주님의 뜻 이루어라
그대 주님 오시는 그날까지

✳ 사월의 빛 ✳

하늘 빛 복음
생령으로
대지 위에 젖어 스며들고
사월의 빛
마른 가지에 생명을 일깨운다.

천성을 바라며
지나온 세월
믿음으로 그대들 세우셨는가?
인고 속에 피어난 꽃
오늘을 기다려
하늘 빛 성령으로
옷 입히시며 주님 안수하시니
빛 속에서 빛으로
임직자 가슴에 꽃피우며
믿음으로 성령의 열매 맺는다.

그대 사랑하는 자여
오랜 세월 참아
어둠의 긴 통로 지났는가?
신학과 신앙
흰 양날개를 펼치고

푸른 하늘로 비상하라
가슴에 품은
꿈의 날개를 펼쳐라
성령의 바람 불어
주님의 뜻 이루어지리라.

승리의 약속
하얀 생명의 꽃으로 피어난
주님 크신 은혜라
가슴에 품은 생명의 씨앗
복음으로 핀
하늘 꽃향기 되어
광야에 핀 하얀 미소가 되리라

✳ 국화 꽃 ✳

하늘의 밝은 빛
참 빛 생명
흰 빛으로 내려와
시온산
푸른 국화에 깃들고
하늘 이슬에 젖어
향기 품어
밝은 미소로 활짝 웃는다.

어느 틈 사이
고난의 긴 터널 지났는가?
어둠을 찢는 천둥소리
폭풍 속에
억새풀 억눌려 울던 국화
아침 햇살
맑은 이슬에 젖어
하늘 보며 활짝 웃는다.

하늘의 빛
국화 꽃 향기 되어
영혼의 깊은 곳
생명으로 스며들었는가?

성령은
바람 따라 춤을 추며
겨울 오기 전에
국화 꽃 향기
바람 속에 실어 날린다.

하늘 향기 가득한
가을날에
눈시울 붉게 적시는
임직자 넷
성령의 기름 부으셨으니
불멸의 생명 전하는
온 땅 가득한 향기 되어라.

✳ 칠순 고희 ✳

하늘 문 열리는 날
천사들 나팔 소리 울려
온 누리 가득할 때
푸른 빛 생명
성령의 단비 흡족히 내려
축하 연회석 위에
가득 넘치나니
칠순 노인의 부르는 노래
주름진 눈가에
행복한 미소 함박 번진다.

칠순 고희
이만 오천오백오십일
한 줌 바람처럼
스쳐지나간 시간들
육십일만 삼천이백 시간
달려온 삶
오직 주님 향한 사랑이어라.

생의 본질은
어버이의 삶이었고
삶의 소망은

하늘 주님 바라기요
달려온 그길
믿음의 외길이었구나.

십자가 복음
가슴에 품어 핀 생명의 꽃
오롯이 기도하며
살아온 칠십 년 세월들
복음의 소리되어
가슴 아름 가득히 피어난 꽃
자녀들의 감사
칠순 축하노래에 미소 짓는다.

✳ 결혼 ✳

어머니의 기도 소리
자장가 부르는 노랫소리
품에 안은 사랑 토닥이는 손
백합꽃보다 더 순결한 사랑
그 향기 가득한 낙원
주님 함께 하시는 행복이어라.

꽃향기 가득한 봄날
하늘 문 열리고
사랑의 봄바람 불어 내리면
젊은 청년 인연을 만나
봄 꽃 향기 가득한 그 날
사랑을 고백하며 결혼을 한다.

붉은 장미꽃 피어나는 날
온 누리 봄바람에 꽃비 날리고
저 세상 광야를 향해
울리는 웨딩행진곡
신랑신부 환한 그 미소
행복의 나래를 활짝 펼친다.

결혼 그것은
솔향기 가득한 연리지의 사랑

깃들어 노래하는 산새들
천상의 하아모니
백년해로 하라 하는가
천년사랑의 꽃으로 피어난다.

✳ 주예닮교회 ✳

푸른 하늘 가을 빛 아래
밝은 미소 짓는 가을 코스모스
산등성 산마루턱이
붉게 물드는 가을 단풍
일곱 빛 색깔 물들이는가?
찬바람 머리 숲을 지날 때
간들거리며 춤추는 들에 핀 흰 꽃
가을 이름으로 너 닮아 있구나.

하늘의 하나님이여 ~
주 바라기들 모인 이곳에
하늘나라 임하게 하소서
찬양하며 경배 드리는 성도들
십자가 보혈의 피로 씻어
하늘 생명의 꽃 되었으니
주만 따르는 바라기들
믿음으로 거듭난 하늘 성도야 ~
너를 주예닮교회라 하리라.

주 믿는 하나님의 사람아
생명의 꽃 말씀으로 피어나
하늘 보좌를 바라며

믿음으로 건축된 부활 신앙
주님께 찬양하며 경배 드리네
번영하라! 하나님의 교회여 ~
주의 말씀들이 되려는가?
너를 주예닮교회라 부르리라.

✳ 새벧엘교회 ✳

너 하늘의 소리여 ~
생명의 말씀이 되었는가?
주님 평화의 숨결
잃은 양 찾아 부르는 소리
푸른 저 하늘 문 열리고
가을빛 가득히 내리는 거리
국화꽃 향기 날리며
푸른 숲 오색 빛 곱게 물들고
생명의 꽃 피어나
새벧엘교회라 이름 하리라.

새벧엘교회여 ~
믿음으로 피어난
주님의 사랑
말씀에서 주님의 형상을 보며
하늘의 음성 듣는가?
세미한 속삭임의 강한 소리
긴 ~ 여운 가슴에 남아
애절하듯 부르는 영혼의 노래
마른 가지에 이슬 내리는 날
피어나는 생명의 꽃
하늘 꽃향기 되어 너를 덮는다.

하나님의 사람아 ~
푸른 저 하늘 아래
빛의 바람 소리 들려오는가?
영혼에 스며드는 바람
하늘 빛 소리로
가슴 아름 가득히 어리고
세상 물결 잔잔해지면
그 삶 속에 피어나는 믿음의 꽃
하늘 향기에 젖어
새벧엘교회 향기 가득하리라.

✳ 부활 ✳

봄은 부활을 알리는 전령사
온 산야는
푸른빛 생명으로 거듭나는가?
양지 바른 계곡
활짝 피어난 야생 풀꽃들
나 있었음을
광야로 알리지 못하고
피었다 덧없이 사라지는가?
내일 봄 기다려
부활의 소망을 품고
믿음의 긴 잠을 자려 하네.

해맑은 햇살!
밝은 빛 봄의 기운 불어 내리면
어둠속 웅크린 너
긴 겨울잠 깨어
작은 틈새로 거듭나고
수줍은 듯 속살 드러내며
곱게 피어나는
붉은 꽃 하얀 얼굴
부활의 기쁨
눈 시리도록 활짝 웃는다.

✳ 팔월의 그날 ✳

아~ 조선의 고요함
축복의 땅
그 속의 소용돌이
암울했던 그 때 그 시절!
하늘의 태양!
검은 먹구름 드리우던 날
일천구백십년
팔월의 그 날!
한 민족 한 겨레의 경악!
살아 있는 자
분노와 절망의 탄식!
치욕의 한일합방
삼십육 년 일제강점기

조선이여 ~ 깨어 일어나라
광복의 그 날이 오면
강토는 봄을 노래 부르고
푸른 빛
생명의 숨결소리
온 땅으로 가득하여라
외치며 쓰러져 간
애국선열들

그 혈흔 속에 핀
민족의 꽃 무궁화여!
너 깨어 일어나
희망의 꽃물결 이루어라.

한민족의 기도
삼십육 년이 지난 후
또 다른
팔월의 그 날!
어둠의 긴 터널 속으로
찾아든 밝은 빛
억압으로 매인 사슬
끊어 내며
광복을 노래 부르던 날
대한독립 만세 소리
태극물결은
온 땅 위에 가득하고
무궁화는 활짝 피었으리라.

✳ 유월의 그날 ✳

아 ~
유월의 그날
백의민족 수난의 날
붉은 선혈 온 땅 얼룩진
유월의 잔상들
동족상잔의 비극
깊은 가슴 상흔으로 남아
영혼에 흐르는
아픔의 눈물
이 민족은 흘리는가?

아름다운 금수강산
번득이는 이리들의 야욕
주변국들의 흉상
백수에 흘러든 이념과 사상들
화합하지 못한
분단의 아픔
너는 절규하는가?
동족을 향한 잔악한 살인
총성이 울릴 때
공포에 질린 얼굴들
아무런 영문도 모르는 채

고향을 떠난 피난 길
혈육이 흩어진 민족의 수난 길

광란의 소용돌이는
유월의 동토를
호국청년들의 선혈로 물들이고
유월의 바람은
이 땅 오천만의 지킴이들
호국정신 일깨우는가?
역사의 긴 세월 흐름 속에
흐릿한 기억들
오 주여 ~
이 땅 깨어나게 하소서.

형제들이여 ~
젊은 지성들이여!
깨어 일어나라
조국 강산의 무궁을 위하여 …

✳ 삼일절 ✳

주후 1919년 3월 1일
삼일절!
자주 독립 정신 일깨우는
민족의 정기
애국선열들의 얼
삼일독립운동
민족의 혼은 살아 있었다.

하나님의 사람들아!
일제강점기
아무런 영문도 모르고
주권을 잃어버린 암울했던
그때 그 시절!
푸른 하늘 흰 구름은
바람 따라 유유히 흘렀으리라.

주후 1910년 한일합방
나라 잃은 설움!
선구자는
하늘 향해 절규하며 흐느끼고
활짝 핀 무궁화
너를 바라보는 젖은 눈망울

벅차오는 설움
가슴 흐느껴 오열하는가?
망국의 아픈 상처
하염없이 눈물 흘렸으리라.

기미년 삼월 일일
민족의 혼은 살아 있어
삼천리강산
태극물결 온 땅 일어나고
대한독립만세 소리
반도 깊은 곳
울려나는 영혼의 나팔소리
조선 팔도강산을 덮었으리라.

대한민국이여 ~
깨어있으라
이 땅 위에 망국의 아픔
다시는 없도록
민족의 꽃 무궁화여 ~
세상을 향해 꽃을 피워라.

✳ 종교개혁 오백 년 ✳

빛이 머무는 곳
생명으로
열매 맺어 가득하고
어둠이 깃든 곳
죄악으로 물들어 가는가?
이론이 무성하며
자기 주관적 사상 속에
젖은 인간들
주님 바로보지 못한 신념
위선으로 거짓된 삶
정욕에 사로잡혀
그 죄악의 끝 보지 못하네.

생명의 말씀
육신이 되어 오신 주님
죄인 구하시려
믿음으로 승리 하시고
생명의 꽃 되셨는가?
주님을 믿는 자 살아나리라
선포된 복음
일천오백 년 흐름 속에
왜곡된 진리

믿는 자의 부패
성직매매와 면죄부 판매
그 악 온 땅 가득하였어라.

때가 이르매
주님 보좌에서 일어나
개혁의 숨결 드높이시니
주후 천오백십칠 년
시월 삼십일일
부패된 교회 고치시는가?
개혁의 바람
교회에 불어 이는 물결
오백 년
장고의 긴 세월 흘렀어도
복음의 사자들
종교개혁의 정신 영원하리라.

II _ 독백 편(獨白 編)

그러므로 함께 하늘에 부르심을 받은 거룩한 형제들아 우리의 믿는 도리의 사도시며
대제사장이신 예수를 깊이 생각하라 (히 3:1)

"외로움" 이란 아무도 없고
홀로 있다는 생각을 가질 때
주로 느낍니다.
그러나 "고독" 은 사람은 많은데
생각하는 성향이 서로 다를 때
고독함을 느끼게 됩니다.
그래서 많은 생각을 하게 되는데
고독함을 느끼고 마음의 문을 닫기 전에
주님 찾아오셔서 "함께 하자" 하시는
주의 음성을 듣고 주님을 영접하면
길을 갈 때나 사색하며 묵상할 때
항상 함께하시는 주님의 음성이 들리며
주님의 형상을 볼 것입니다.
나로 잠잠케 하시며
바라보라 하시는 주님! (시 62:1,5)
우주 만물 가운데서
섭리하시는 주님을 찬양합니다.

✳ 빛을 향한 영원의 소리 ✳

빛의 소리 들려올 때
생명은 빛을 향해 꿈틀거리고
어둠 속 웅동그라진 영혼
틈새로 스며드는 빛
생명을 향한 절규 시작하는가?
영혼에 들려오는 굉음소리
세상에서 듣는 세상 소리
매인 사슬 끊어내고
눈귀 가려 찾아든 어둠 속 고요함
가슴으로 듣는 속삭임의 소리
빛을 향한 영혼의 소리이어라.
밤새워 빛을 향한 기다림
외로움 속 깊이 스며드는 고독함
세풍에 무뎌진 마음 깨우며
빛 속에서 영혼의 소리 듣는가?
세상 혼돈 속에 내 영이 소진되면
가슴에 찾아든 세미한 음성
귀 기울이면 속삭이는 빛의 소리
마음에 평안 깃드는가?
내 영혼 빛을 향해 노래 부르고
고요히 찾아든 주님의 음성
그는 진정한 빛의 소리였습니다.

✻ 절망의 끝자락에서 ✻

여호와 하나님이여!
광야에 불어 이는 바람소리에
흔들리는 로뎀 나무
길 찾아가는 외로운 순례자
쓰러져 흐느끼는 영혼
스스로 탄식하며 울부짖는가?
생명의 빛으로
그 곳에서 일어나라 하소서.

나의 하나님이여!
세속에 빠져 물든 영혼들
자기 연민에 빠져 헐떡거리며
절망의 끝자락에서
주님 바라며 부르짖을 때
진리의 눈 밝히사
어둠을 딛고 일어나라
하늘 생명이 되라 하소서.

여호와 하나님이여!
거북등껍질보다 더 단단한
자신의 의로 만든 굴레
동굴 속 깊은 곳에서

흐느끼는 영혼의 소리 들릴 때
파멸의 끝자락에서
두려움 떨쳐낼 수 있도록
생명의 빛으로 인도하소서.

여호와 하나님이여!
가뭄 속의 목마른 영혼
은혜의 단비 내려
마른 계곡 시냇물 흐르고
나목에 젖어들면
나뭇가지 생기 돌아 꽃피듯
부활의 능력으로
생명의 꽃 피어나게 하소서.

✳ 밝은 빛 소리 ✳

하늘 빛 소리들이여 ~
신년 새해의 꿈
새롭게 단장한 믿음의 방주
거친 바다 풍랑 속으로
오늘 진수하는가?
외치는 생명의 빛 소리
잠든 영혼들을 일깨우리라.

조금은 버성긴 명암의 틈 사이로
스며드는 밝은 빛 하늘 소리
어제의 내일은
천국을 향한 순례자 꿈꾸며
복음의 씨 뿌리는가?
온 땅 생명의 꽃 피어나리라.

빛의 사자들이여 ~
밝은 빛 소리
옹동그라진 가슴 활짝 펴고
흰 구름 저 높은 곳
독수리 날듯 오르는가?
밝은 빛 하늘
어두운 세상 밝게 비추어라.

✴ 출간 하면서 ✴

생명의 씨 뿌리는
광야의 외치는 자의 소리여
박토에 내리는 단비
은혜로 맺어온 숱한 인연들
꽃잎을 엮어 매듯
한 장 한 장에 사연을 담아
복음의 향기 채우면
하늘 향기 가득한 서책으로
여인이 해산하듯 출간을 한다.

순례자의 가는 길
고난의 역경을 딛고 달려온
긴 여정 속의 시간들
지나온 날 그대 회고하는가?
주님의 빛을 향한 여정
소외된 자 위로하며 가는 길
그 흔적 서책에 향기로 남긴다.

하나님의 사람아 ~
푸른 산줄기 이어 달리고
산수경관 아름다운 땅
자연의 숨결에서 주님 만나며

삶의 흔적에서 너를 보라
믿음의 향기 가득하니
서책에 주님의 향기로 남는다.

✳ 은혜 ✳

주님의 사랑은
오늘도
빛 속에 익어 가는 알곡들
축복하시니
황금 빛 들녘 춤추며
가을 추수 노래 부른다.

사랑하는 자여
주님은 천년을 하루 같이
오늘을 기다려 오셨는가?
석양 빛 붉은 노을
황혼이라 부르며 바라보는가?
하루를 살아도
오늘 네가 족하다 하시네.

그대 친구여
어둠의 긴 통로 지났는가?
생명의 빛
가슴 깊이 스며들고
밝은 그 미소는
하나님의 크신 은혜인 것을 …

✻ 믿음의 인내 ✻

사랑하는 자여!
주님 향한 믿음의 인내
긴 ~ 세월
쇠 절구공이 하나
숫돌에 갈아
바늘 만들려 하는가?

믿음의 인내
하나님 영광 바라보는가?
다윗의 물맷돌
시냇물 속 거친 돌 하나
하루를 기다리는가?
천년의 인고
조약돌 하나가 되었네.

사랑하는 자여!
인내함이
그리도 아름다운 것은
그 열매를
네가 곧 볼 수 있음이라.

✳ 사명 다하는 날까지 ✳

하루살이 인생들
내일 일
나 모른다 옹고집하나
하루 살아도
주님만 바라고
온 땅은 찬양하라 하시네.

영존하시는 하나님
사랑으로
진리의 길 이끄시며
그 사명
십자가 좁은 길
영생의 길이라 하시네.

주님이시여!
세상 즐거움 버리고
하늘 빛 바라며
주의 길 가는 전도자
사명 다 하는 날
사랑으로 옷 입혀 주소서.

✳ 벗 ✳

사랑하는 자여
안개 속에 피어오르는
그리움은
옛 생각에 젖어들어
가슴 떨게 하고
뒷동산 금잔디
벗과 함께 누워 바라보던
푸른 하늘 흰 구름
너 잊었기에
나 그리도 슬픈 것일까
죽마고우
어린 그 시절!
볼 수 없어 한숨 고이고
오늘 바라보니
세월의 흔적이련가
웃는 얼굴 그리면
슬픈 듯
일그러진 그 모습이
내일을 보는 듯
가슴 젖어 아려옵니다.

✳ 소낙비 ✳

검은 비구름
하늘과 땅을 뒤덮고
음산한 기운
산야에 가득히 퍼져 갈 때
번쩍이는 뇌성
섬뜩한 섬광
하늘 찢어 가르는 듯
울리는 천둥소리
온 땅은 사시나무 떨 듯
그렇게 울리고
쏟아지는 소낙비
죄로 물들어 얼룩진 땅
씻어 내리려는 듯
빗물은 그렇게
온 땅에 젖어 흘러듭니다.

✳ 들국화 꽃 ✳

숲 속의 들국화 꽃
이슬에 젖어
향기 품어 소박한 모습
수줍어하는 듯
밝은 미소 지으며
고운 향기
한아름 바람에 날리며
오늘 어둠 내리기 전
사랑 벗님들
벌 나비 초대 하리라.

노란 들국화 꽃
가슴에 가득 품은 향기
밝은 빛 아래
숲 속 향기로 채우려는가?
비구름 몰려들고
아쉬운 마음 달래 보는가?
고요히 비에 젖는 숲
사랑은 떠나가고
늦은 가을 비
온 대지에 젖어 흘러내리네.

✳ 가을 ✳

세월의 흐름
멈출 수 없는 시간
바람에 밀리듯
흰 구름 흘러가는가?

석양 빛 노을
아직 서산에 온기로 남아
붉게 물들이고
외로움 속 풍요를 이루며
가을은 그렇게 익어 갑니다.

들녘 언덕 위
하얀 억새풀 흰 꽃들이
바람에 일렁이고
석양 빛 노을 눈이 부시다.

노란 들국화 꽃
들녘 하늘 향기 뿜어내면
깊어가는 가을 정취는
풍요로움 더하고
주님의 강토는
아름다운 가을 그려냅니다.

✳ 바람 ✳

하늘 흰 구름
바람 따라 흐르며
장인의 손
푸른 하늘 구름에
각색 조각품을 만든다.

선한 바람
생명의 바람 되어
마른 영혼에 꽃 피우고
스쳐 지나며
생명의 노래를 부른다.

사랑하는 자야!
흑암 속의 악한 바람은
파멸을 부르고
검은 폭풍우 몰고 와
푸른 가지에 상처를 준다.

천국 잔치는
아직도 끝나지 않았으니
저 낮고 왜소한 곳에
성령의 바람
온 땅 가득히 불어 내리네.

＊ 사랑 ＊

오 사랑이여 ~
그리움은
그대 품은 가슴앓이인가
장미빛 연정
꽃을 피우려 하는데
질시 속에 날아든 돌풍
너울 속에 밀려드는
성난 파도
부딪쳐 깨어진 물거품처럼
산산이 흩어진 사랑
그래도 한 조각
사랑의 불씨로 남아
오늘 불꽃을 피우려 하오.

오 그대여 ~
당신의 그 사랑은
불티 되어 허공을 날아도
사랑의 향기 되어
가슴에 그루터기로 남는가?
이제껏 못다 한 사랑
꿈같은 행복
열매 맺지 않으려오?

아쉬움 속에 흐르는 시간
참아 기다려도
멈추지 않는 세월이여
반백의 머리
석양 빛에 눈시울 적신다오.

✳ 황폐된 영혼 ✳

주님의 형상
그대는 오늘 입었는가?

뒤돌아보면
세상 물결 소용돌이 속에
자기 의에 잡힌 열정
분수도 모르고
하나님의 뜻 벗어난
이단의 무리 되어 가는가?

황폐된 영혼
죄악으로 물들었으니
심령이 무뎌져
신음하는 자 하나 없었구나.

주관적 논리로
죄악을 불러 왔는가?
어두움 내리는 도심
삶의 죄악으로 오염 되어
영혼이 병들고
자아를 잃은 이성 없는 자
거짓의 옷 입어
참 진리를 잃어 버렸구나

오 주여!
이 땅 긍휼을 베푸시옵소서!

✳ 고백 ✳

세상은
참 빛 되시는
주님을 거역하나
진리는 우주 만물 속에 있어
피할 자 하나 없어라.

그 빛 땅 끝까지 이르고
우주로 가득 찼으니
그의 빛
항상 내 앞에 있음이여
내 영혼에 기쁨이 넘치나이다.

진리의 속삭임
내 영혼 새롭게 하시며
나의 눈 밝히시니
내 영이 주만 바라봄이여
은혜 속에 있어
주의 영광으로 옷 입나이다.

✳ 진리의 역사 ✳

세월 속의 거목은
오랜 풍상에 시달렸어도
삶의 진리를 품어
수백 년 역사를
깊이 내린 뿌리로 말하고
무성한 가지에
깃들어 노래하는 새들
둥지 틀어 보금자리 만들며
평안의 안식을
속삭이듯 찬양하며
옛 창조의 위용을 그린다.

거대한 바위산
천만년 전설을 말하는가?
푸른 산야에 스치듯 지나는 바람
프리바 반석의 전설 전하는가?
그 속의 참 진리
천년 세월을 전한 이야기 꽃
귀로 듣고 보는가?
진리의 복음을 품은 바람
세월 속 긴 사연
진리의 역사는 말을 합니다.

✳ 거대한 반석 ✳

아득한 옛날
평화의 성 예루살렘
흑암은 눈귀 가려
평화의 왕
생명의 주를 몰랐구나!

예수 그리스도
십자가 위에 못 박힐 때
로마 병정들 조롱하는 소리
온 가슴 울리는
갈보리 산 언덕 위의 망치소리
살을 찢는 비명소리
구원의 주 예수
십자가의 탄식하는 신음소리

갈보리 십자가는
거대한 반석
생명수 샘 흘러 넘쳐나고
진리의 역사를
십자가 보혈의 은혜로
믿는 자의
심령 속에 각인시키며

주님 몸으로
생명의 복음을 쓰셨습니다.

＊ 나 ＊

나의 영혼아 ~
사명의 길 따라 가느냐?
주님의 말씀을 품고
순례자 길 가며
생명의 복음 전하는가?
짓눌린 영혼
숨조차 들내 쉴 수 없어
길 위에 비틀 거리는가
내 영혼아 ~
주의 팔을 의지하라
사망에서 너 구속하셨으니
빛 속에서 빛을 바라보리라.

산아 일어나라!
나의 영혼아 ~
가슴을 활짝 펴 크게 열어라
마음속 품은 소망의 꿈
네가 구하면
주님 이루어 주시리니
좁다하면 좁아지고
넓다하면 한 없이 넓은 마음
광활한 우주를 품고

바다 같은 마음이 되어라
날마다 기도하는가?
꿈은 바람처럼 스쳐 지나도
나 여기 서서 주님 바라보리라.

✳ 나를 고치소서! ✳

주여!
긍휼을 베푸소서!

나의 눈은
보지 못하는 소경이요
귀가 막혔으니
듣지 못하는 귀머거리요
혀가 굳었으니
말 못하는 벙어리라
주님 오라 하시나
나 일어서지도 못하니
나는 영적 장애인
나면서부터 앉은뱅이로다.

오 주여!
나를 고치소서
나는 치료하는 여호와라
주께서 말씀하셨사오니
치료의 손길로
사랑의 자비를 베푸소서
가련한 자의 영혼
마음의 눈 밝게 하시고

그 곳에서 일어나
주의 형상 보게 하소서
그 때는 죄에서 벗어나
주님 앞에 온전케 되리이다.

나의 주
나의 하나님이여~
귀가 열리고
눈을 떠 주님 보게 하소서
주의 음성 들릴 때
온 땅들이 생명을 얻고
병든 자 일어나
주의 영광이 되리이다
일어나라 하소서
하늘 빛 푸른 생명나무여
그 힘의 능력으로
일으켜 찬송이 되게 하소서.

* 진리의 명품인가 짝퉁인가 *

사랑하는 자여!
그대는
참 진리의 명품인가
거짓된 짝퉁인가
허기진 자
먹이 찾아 헤매듯이
진리를 찾지만
세상 그 어디에도 없고
자아 속에
스스로 버려진 진실
눈뜬 소경이라 보지 못하네.

너의 곁에 있는
진리의 행복
지식 없어 보지 못하고
먼 곳을 찾아 헤매는가?
모든 자들이 그렇게
저 세상에서
진리의 명품을 찾아 헤맨다.

✳ 허황된 소년 ✳

무지개 꿈 찾아 쫓는
허황된 소년아 ~

춤추는 나뭇가지 사이로
울어 소리치며
스쳐 지나는 바람이여라.

너 손을 들어
움키듯 허공을 가르며
인생의 정도를
거짓으로 왜곡하려 하는가?

거짓된 바람
너의 진실을 삼켜 버리고
참 진리를
잃어버렸다 하는구나.

생명 없는 빈 껍질로
진실의 참 모습 가두었으니
영혼의 우는 소리
온 땅으로 울려 퍼져간다.

＊ 거짓된 자 ＊

사랑하는 자여 ～
세상 거짓된 자들은
진실을 마음에 담은 듯하나
잘 살펴보라
모양만 그러할 뿐
비 없는 구름이요 속빈 자라.

참된 진실은
바람에 밀리어 사라지고
빈 껍질 속에 든 바람만 남아
저리도 요란스러우니
빈 깡통이요 짝퉁 아닌가?
왜곡된 진리
거짓된 허영심으로
민낯 드러날까 걱정이로구나.

너 밝은 빛
손으로 가리려 하느냐
짙은 화장을 하고
치부를 가면으로 가리며
세상 허영을 따라
가짜가 진짜인 양 허세를 떤다.

✳ 삶의 허영 ✳

삶의 허영은
마음의 흡족함 모르고
의에 무뎌진 세상
비틀거리는 영혼 외면하며
신기루의 미혹
세상 명예욕 따라 좇다가
명품 닮은 짝퉁으로
온몸 휘감아 치장을 한다.

풍족함 없는가?
마음 가득한 허영심으로
날개 퍼덕이며
진리 찾아 거리로 맴돌고
어리석은 영혼들
죄의 사슬에 얽매인 자 되어
비굴한 웃음
일그러진 자화상들이
깊은 신음 속으로 빠져든다.

✻ 겸손의 삶 ✻

겸손의 삶은
참 명품 속의 진품이요
참 진리는
그 인생철학 속에
거짓의 옷을 벗게 하고
질그릇 속에
참 사랑의 보배를 담는다.

그가 가진 모든 것은
하늘의 진리
진품이요 명품이로다.

오늘도 진솔한 자
생명의 빛 품어
붐비는 도심을 활보한다
거룩한 영 함께하는
참 명품이기에
거리의 꽃처럼 밝게 웃는다.

✳ 여명 ✳

밝은 빛 여명은
어둠을 향해
돌진하며 출전한 장수 같고
일출 속의 빛
창문을 조용히 두드려
깊이 잠든 영혼 일깨우며
새벽을 알린다.

여명의 빛
해오름의 절경
사모하는 기다림의 연인들
설레는 가슴 가득히
붉게 물들이고
온 땅은
푸시시 잠깨어 일어나
새벽 동녘 하늘 바라보며
밝은 빛 해오름
온몸으로 빛의 여명을 맞는다.

✳ 생명의 복음 ✳

생명의 빛 복음
푸른 나무
생기 불어넣어 주고
땅과 바다
생명의 빛 가득하니
어촌 어부들
바다에 그물을 내리며
물고기를 낚는다.

농부는
온 몸에 땀 흘려
텃밭에 씨를 뿌리고
복음 전도자는
광야에 외치는 자의 소리
생명의 빛
은혜의 단비로 내려와
마른 나무 적시니
복음의 꽃 피어
온 누리 꽃물결 일 때
복음 듣는 자 살아나리라.

✳ 석양 ✳

사랑하는 사람아!
석양 빛은
그 달려온 길
머물러 뒤돌아보며
아쉬운 눈물 흘리지 않는다.

석양빛은
내일이란 꿈
약속의 소망이 있어
자기 스스로 불태우며
저녁노을 더욱 붉게 물들인다.

사랑하는 사람아!
석양 빛 힘차게 솟아오르는
내일의 꿈 있어
오늘도 저녁노을
짓게 물들며
온 땅 어둠이 내리는 곳
노을 빛 속으로
발걸음 재촉하여 길을 간다
어둠이 온 땅에
깊이 젖어 들기 전에 …

✻ 숲 ✻

오 ～ 그리운
풀내음 배어나는 곳
솔향기 가득한
푸른 숲 그대 바라보는가?
숲 속에 나를 묻어두고
고요히 젖어들면
숲속의 숨결소리
새소리 계곡 물 흐르는 소리
숲속의 정겨운 하모니
영혼을 정화시키며
내 마음 어느새 노래 부른다.

하나님의 사람아 ～
복음으로 새롭게 태어난
주의 말씀들아!
태초부터 늘 푸른 숲
변함없지만
오직 변하는 건 인생들 뿐
고로 깨어있으라
나의 영혼아 ～
두 손을 높이 들어라!
하나님이 너 정화시키시리라.

✳ 산들 바람 ✳

늘 푸른 숲
평화를 수호하는 안식처
작은 생명들
둥지 틀어 깃들이고
산들바람에
속삭이는 사랑의 밀어
산새들의 체험 이야기
밤은 고요히 깊어 가고
영혼 없는 입담들
어느 때 끝이 나려는가?

먹이 사슬 찾는
짐승들이여!
푸른 숲 속의 산들바람
그 고마움 알까?
산들 바람에
몸을 맡긴 여린 가지들
열대야의 폭염
부는 산바람에 시름을 잊는다.

✳ 숲의 향기 ✳

푸른 산 푸른 숲이여!
여인의 미소처럼 웃어라
폭염 속 시달린 몸
그대 찾아와
품 안으로 안겨올 때
숲의 향기
위로의 작은 선물로
그리운 어머니 품 되어라.

너 흰 구름아 ~
푸른 숲 산등성이 너머로
바람 따라 가는가?
아쉬움의 이별
희뿌연 눈시울 적시며
돌아올 수 없는 길
바람에 밀리듯 떠나가네.

어둠이 내리는 숲
가로 등불 하나 둘 밝히고
적막함 속의 고요함
하얀 달빛 벗 삼아 길을 간다.

✻ 생명의 빛 ✻

주님은 생명의 빛
내 영혼의 빛이시니이다.

눈을 뜨지 못한
어린 벌거숭이이런가
어두움에 갇혀
나의 영혼 방황할 때
한 줄기 빛
생명으로 다가와
내 영혼의 길 비추시고
그 생명의 빛
내 영혼에 가득할 때
나의 주님
부족한 믿음 일깨우시니
얼굴 붉히며
겸손히 자아를 버리고
영원한 생명이신
그리스도 안으로 숨어든다.

✳ 주님만 바라라 ✳

주의 은혜로
생명의 소리 듣는가?
영의 눈을 뜨고
광야를 향해 외치는 자여
온 땅 가득히
생명의 꽃을 피우며
주님만 바라라
그는 믿는 자의 생명이시며
네 영혼의 주인 되시니
복음의 소리로
거친 광야에 꽃 피우리라.

오직 예수만
너의 영원한 구원이시며
생명이시니
긍휼로 은혜를 입어
주의 말씀이 되고
세상 속 어두움 비추는
생명의 빛으로
영생의 꽃 피워 열매 맺어라.

✳ 푸른 나무 ✳

너 푸른 나무여 ~
주님의 은혜 잊었는가?

하늘 문 열어
온 땅 쏟아지는 생명의 빛
새롭게 된
그대 푸른 나무여!

물 없는 곳
황폐한 광야 속에서
메말라 빛바랜 나무들이여 ~
그 속에 서서
무엇을 찾아 구하는가?

너 푸른 나무여
육신의 고달픔 못 이겨내
하늘 꿈 잃었는가?

세상의 유혹
마음 흔들어 병들게 하고
소진된 영혼
그대 어찌 모르는가?

깨어 일어나라!
그 영혼 십자가 피로 씻어
몸과 마음 성결케 하고
푸른 생명으로 소성케 하라.

✳ 고사목 ✳

너 푸른 나무여
주님 사랑을 잊었는가?
새벽이슬 마시며
반석에서 솟아나는 생수
깊은 계곡으로
흘러내리는 맑은 시냇물
너 어찌 잊었기에
황량한 광야에 몸을 던지고
사망의 그늘로 그대 온 몸 숨기며
불안 속에 흐느껴 우는가?

푸른 나뭇잎
떨어진 너 앙상한 고사목
연한 순 끊어져
하늘의 교감 단절 되고
푸른 줄기 벗겨진
고사목 너는 보았는가?
생명수 샘 흐르는
말씀 속으로
어서 돌아오라 부르는 소리
푸른 나무들이여 ~
주님 오늘도 너를 부르신다.

✳ 설악산 풍경 ✳

설악산 진풍경
가슴에 큰 그림 그리며
거인의 심성
내 영혼에 심어 주는가?
끝없이 잇는 푸른 산줄기
그 웅장한 산세
오 나의 영혼아 !
마음 비우며
인생의 번뇌를 벗어버려라
깊은 숨 들내 쉬며
삶에 깃든 고독
바람에 실어 날려버려라

보라! 형제들아 ~
새날이 밝아 온다
동녘 하늘 해오름의 경관
밝은 빛 여명
대지는 깊은 잠 깨어나고
붉은 태양은
어둠을 뚫고 피어나는 꽃
주님 심어 놓으신
영원한 우주의 불꽃이어라.

✳ 태백산 절경 ✳

어느 날 비개인 오후
산등성이
하늘 끝 닿은 곳
산맥은 줄지어
굽이굽이 이어져 달리고
연녹색 잎들이
구름 꽃처럼 피어나는 계절
끝없이 펼쳐지는 절경
태백산 깊은 계곡
물안개 구름처럼 피어오르고
밝은 빛 속에 선 무지개
전설 속의 오작교인가
산 까치들이
사랑의 오작교를 잇는다.

가슴에 피어나는 정화
뜨거운 열정
내 영혼 불꽃으로 피어난다.

✳ 그리움 ✳

석양 빛 노을 속에
붉게 물들이는 단풍잎
젊은 날 당신의
고운 그 미소
내 마음 깊은 곳에
각인 되어 담아 있었구나

나의 사랑아 ~
그리움에 조여드는 가슴
사랑의 눈 뜰 때
보이는 건 당신의 미소뿐 !

그리움 이련가
흐릿한 눈시울 가슴 적시며
숲속에 흐르는 정취
가을 풀벌레들 우는 소리
산등성이 붉은 단풍잎
그 사연을 적어
가을 바람에 실어 보낸다.

* 저녁 노을 *

해변에 이는 바람
갈대 숲 가을 빛 일렁이고
흰 머리 날리며
부산히 울어대는 억새풀 꽃
길가는 자 노래하는가?
저 하늘 나는 갈매기
사랑 찾아 노래를 부른다.

나의 사랑아
끝없이 펼쳐지는 지평선
석양 빛 물들어
붉은 물결 일렁이면
어둠이 내리는
저녁노을 바라보는가?
이글거리던 태양
풀무 속 도가니 이런가?
뜨거운 그 열기 식어 가고
붉은 빛 노을
물들이는 가을 속으로
푸르던 잎 붉게 물들어간다.

✳ 아내여 미안하다 ✳

사랑하는 사람아!
비릿한 내음
흠씬 풍겨나는 바닷가
흰 나래를 펴고
날아드는 하얀 파도소리
갈매기 날아 울고
지평선 물안개 피어오르면
그리운 추억
지난 세대 속의 긴 여로
세상 속 몸부림
혼탁한 영혼의 절규인가?

밝은 빛 생명
사명 다하지 못한 아픈 상처
회한에 젖어 올 때
젖은 눈시울 속에 비친
당신의 환한 미소.

아내여 미안하다
그러기에 나는
언제나 당신을 사랑합니다.

* 탄식 *

어둠이 내리는 거리를
그대 탄식하며
왜 홀로 방황하는가?
오색 불빛 속에
현란히 번쩍이는 네온 빛
흐느적거리는 연체동물
뒤엉켜 섞인 광란
여기가 너희 천국이었는가?

갈등 속에 찾아든 악마
주인 없는 빈 가슴 두드리는
유혹의 손길
생명은 마비되어 병들고
영혼은 유기되었으니
너 이성을 잃은 짐승이라.

사랑하는 자들아
생명의 참 빛
예수 그리스도를 영접하라.

✳ 온 세상은 ✳

이 땅의 아들들아!
유혹하는 여인의 지분 향
그리움의 향취인가?

달콤한 입술
잊지 못해 뛰는 가슴
어느덧
발걸음을 따라
광란의 불빛 속 뛰어들고
쥐어짜는 듯 신음하는 괴성
초점 없는 흐릿한 눈빛들

온 세상은
곤드레만드레 비틀거리며
붉은 술잔에 취하였는가?

죄의 붉은 핏빛
가슴으로 젖어 비틀거린다.

✳ 무뎌진 양심 ✳

오 ~ 주님!
벌거벗은 영혼을
주의 자비와 긍휼 베풀어
흰 옷 입혀 주시고
저들의 생명 지켜주소서.

생명의 빛 없는
이곳은 어둠의 지옥
흐느적거리는 저 영혼들
무뎌진 양심
착시 현상 속에 빠져
스스로 존재감 잃어버리고
망각의 늪 건너며
천국은 없다 외치는가?

세치의 붉은 혀
취한 듯 노래 부르며
여기가 낙원이라
온 몸 흔들어 비틀거리네.

✳ 밀알 ✳

그 어느 날
하늘의 생명 품은 씨앗
밀알 하나
하늘에서 땅 위로 내려와
생명의 빛 되었는가?
어두운 땅
영혼에 생명의 빛 비출 때
절규하는가?
흑암 속 어둠에 잡힌
이성 잃은 가녀린 자들이
사탄의 주구되어
생명의 빛 싫어 버렸는가?
십자가의 형틀
흘러내리는 붉은 피
온 땅 위에 젖어 물들이면
새 생명 돋아나
푸른 나무 온 땅 가득하고
생명수 흐르는 반석
말씀의 뿌리 깊게 내리면
믿음의 열매
온 세상 복음으로 가득하리라.

✳ 놋 뱀 ✳

임마누엘 하나님
존귀한 생명
로고스 예수 그리스도
세상 죄 짐 지우고
저주의 십자가에 못 박아
해골 언덕 위에 세웠는가?
모세의 놋 뱀
바라보는 자 살아나리라
어둠의 먹구름
하늘 가리며 기승을 부리고
조롱하며 탄핵하는 소리
온 몸 찢는 듯한
십자가 신음소리 묻어나는
갈보리산 산울림
엘리 엘리 라마 사박다니
들으셨는가?
하늘 우레 소리
섬광은 어두운 하늘 가르며
십자가의 눈물 흘리는가?
내리는 비
오늘 생명의 열매를 맺는다.

✳ 생수 ✳

생명의 주님
갈보리 십자가 지심은
이 땅 가득한
흑암의 권세를 소멸하시고
그 황무지 땅
하늘 생명의 씨앗이 되어
낙원 회복하시는가?
생명의 원천
십자가 보혈의 피
목마른 자의 생명수 샘
에덴동산에 흐르는 사대 강
푸른 나무들의 생수
온 땅으로 흘러
갈한 자 마시며 해갈하는가?
목마른 자녀의 신음소리
가슴 조리며 통곡하는
하갈의 울음소리
주님 하늘에서 들으셨는가?
갈급한 자 눈을 떠
사막의 생수 보게 하시고
광야에 넘쳐흐르는
생명수 샘이 되어 주셨네.

＊ 길 ＊

하늘 성도들아 ~
믿는 자 가는 길은
본향 찾는 나그네의 길
주님 예비하신
새 예루살렘 찾아가는가?
내 안의 나는 죽고
그리스도가 내 안에 사셔야
갈 수 있는 오직 그 길

돈으로 살 수 없고
세상 명예 권세 재물도 아니요
오직 믿음으로
주의 이름을 부르며
택함 받은 자만 갈 수 있는 길
세상 탐욕 버리고
마음을 비워야만 갈 수 있는 길

천만년을 믿어도
이기와 실리를 바라는 자
갈 수 없는 그 길
자기를 버려야만 갈 수 있는
믿는 자의 좁은 길

갈보리 골고다 그 언덕 길
시련과 고난이 겹쳐도
인내하며 믿음으로 가는 길
사랑 없이 갈 수 없는
십자가의 좁은 길
우리가 가야만 사는 그 길

주님이 가신 그 길
누구나 갈 수 없고
택함 받은 자만 가는 길
눈물로 갈 수 없고
행위로도 열리지 않는 그 길
오직 믿음의 주님이신
예수 그리스도
주의 이름으로만 열리는 길

그 길은 가시밭 길
들쑥날쑥 험한 너덜 길
택함 받은 자
십자가의 멍에 메고
주님 따라 가야만 하는 길

✳ 목련 ✳

한설이 날리는 날
찬바람 휘감아
가냘픈 나뭇가지 흔들 때
두꺼운 껍질 덧입어
그 공간 속 옹동그라진 너
깊은 잠 들었더니
봄바람 불어 이는 날
버성긴 틈 사이로
밝은 빛 햇살
온몸에 스미어 잠 깨이면
부풀어 오는 꽃 멍울
비집어 하얀 속살 드러내고
고이 품었던 향기
바람에 실어 하늘로 날리며
구애의 몸짓 하는가?
흰 목련화
하얀 달 빛 아래
아우러진 흰 꽃 간들거리고
하늬바람에 춤추며
세상을 향해 하얀 미소 짓는다.

✳ 사랑의 향기 ✳

나의 사랑아
내 안에 그대 있었구나.
소중한 사람
인생의 고뇌 속에 찾아온
나의 피앙새
천만 년의 긴 세월 흘렀어도
변하지 않는 사랑
하늘 바람에 실려 온
주의 향기 배어 있는 사람.

나의 사랑아
그대는 하늘에서 온 향기
천백 년 세월이 흘러도
변함없는 마음
격정에 싸여 흐느껴 울 때도
슬픈 마음을 삼키며
미소 짓는 입술
활짝 웃는 환한 그 미소
향기로 내 가슴에 남는다.

나의 사랑아
내 곁에 그대 있었구나.

지금 먼 곳에 있어도
그대의 숨결
아직도 가슴 어려있는데
함께 걸어온 인생 여정
그 좁은 오솔길
앙상한 나목들의 울음소리만
텅 빈 가슴에 휘감아 울린다.

오 나의 사랑이여!
그대는 천국에서 온 연인
내 사랑의 향기이어라.

✳ 헌신 ✳

헌신은
돌려받을 수 없는
하나님의 사랑을 닮은
아가페의 향기
십자가의 희생
믿는 자를 위한 산 제물
새로운 복음을 알리는
조건 없는
그리스도의 헌신이어라.

오 ~ 헌신은
자기를 드리는 즐거움에서
행복을 찾는
믿음의 향기이어라.

헌신은
믿는 자의 능력이요
그 믿음을 품어
소유한 자의 빛이라.

임마누엘을
너 함께 누리느냐

삶에 나타나는 표적마다
주님의 은총이요
믿는 자 헌신의 향기이어라.

하나님의 성도여 ~

헌신은
그의 발아래 엎드리며
눈물로 발을 적시고
머리털로 발을 씻겨주며
겸손으로 섬기는 것

그러기에 헌신은
자기를 깨트려 그 향기로
온 집안 가득히
기쁘고 즐겁게 하는 것

헌신은
언약의 말씀을 믿음으로
준행하는
믿는 자들의
풍성한 열매의 향기이어라.

오 ~ 헌신은
믿음으로
오롯이 드리며
즐거움을 얻는 삶이어라.

✳ 세상 ✳

어지러운 세상
짙은 흑암 속에 갇혀 있어
오늘 그 빛을 잃어가고
검은 바위에
부딪혀 깨어지는 성난 파도
홀로 힘겨운 듯
저 멀리 지평선 바라보는 등대
희미한 불빛 속에
등대는 자기를 잊어가는가
어둠에 싸여 가려진 시야
모두가 눈먼 세상
빛을 잃어버린 시대 속에 갇힌
옹동그라진 자녀들
방향 잃은 채 서성이며
두려움에 탄식하며 눈물짓는다.

✳ 참 빛 ✳

오 복음의 진리
참 빛이시여 ~
어둠 속의 불 밝히는 자
그대 누구이십니까?

생명의 빛을 발하며
꺼져가는 영혼의 불꽃이 되고
세상을 비추는
방황하는 영혼의 등불이 되어
자기를 헌신하는 생명이여 ~
붉은 핏빛으로
생명을 불태워 어두움 밝히는가?

오 참 빛이시여 ~
당신이 이 땅 위에 남긴 그 흔적
십자가의 붉은 피와 땀!
복음으로 깨어나
생명의 참 빛 향해 돌아오리라.

✳ 전도자 ✳

하늘 백성들아 ~
전도자의 외치는 소리
무뎌진 그 심령의 문 두드릴 때
묵은 껍질 깨트리며
새 생명 싹틔우는 자 없었는가?

전도자여 ~
붉은 저녁노을 빛처럼
온 땅 붉게 물들인
십자가의 붉은 피 너 잊었는가?

깨어 일어나라!
풍랑 속 표류하는 자 위하여
등대에 불 밝히고
험한 바다 지평선 저 멀리
세상 끝을 향한 빛이 되어라.

✳ 어찌할꼬! ✳

하나님 향한 은혜의 시대
그 속의 변질
너 어찌 기도하며
복음의 진리를 전파하려는가?
부패된 세상
오염의 농도 깊었으니
어찌할꼬!
하나님의 사람들아 ~
주를 믿는 믿음의 능력으로
빛의 옷 입었으니
어둠을 밝히는 빛 되어라
자신을 불태워 티끌로 산화된
주의 선지자들
뿌리 깊은 거목이 되어
반석 위에 믿음의 집 세웠노라.

✳ 기다림의 봄 ✳

봄바람은
부활을 알리는 봄의 전령사
온 산야는
새롭게 옷 입어 단장하고
푸른 빛 생명으로 거듭난다.

기다림의 봄
활짝 피어난 야생 들꽃들
짙은 향기 품어내는가
나 있었음을
광야로 알리지 못하고
피었다 덧없이 사라지는가?

내일의 봄!
기다림의 긴 ~ 약속
부활의 소망
믿음으로 바라며
꿈속의 긴 ~ 잠 자려 하네.

✳ 그때 그 소리 ✳

밝은 빛 햇살
봄의 기운 불어 내리면
침묵 속의 봄꽃
겨울잠 깨어나는 소리
작은 틈새로
비집듯 겉옷을 벗어버리고
하얀 속살을 드러내며
수줍은 듯이
눈이 시리도록 활짝 웃는 꽃

성도들은 듣는가?
그때 그 소리
주님의 침묵 속에
흘러나는 세미한 신음소리
오 내 영혼아 ~
조용히 너 귀를 기울여라!
기쁜 소식 알리는
하늘 천사장 나팔 소리 울리면
듣는 자 살아나리니
주님의 그 영광 함께 보리라.

✳ 부활의 여명 ✳

갈보리 산 위에
지금은 꽃 피었는가?
그 시절 그때!
십자가 못 박는 망치소리
고통 속에서
신음하는 거친 숨결소리
골고다의
십자가 보혈의 피
온 땅 위에
생명으로 젖어 흘러들고
가슴 깊이 파고들어
내 영혼에 젖어 흐르는 눈물
그 속에 웅크린 너!
깨어 일어나라 하시는가?
부활의 여명
동녘하늘 솟구쳐 올랐으니
복음의 횃불을 높이 들어라
거룩한 성도여 ~
하나님의 거룩한 백성들이여!

✳ 한강 ✳

거대한 도시
옹위하듯 둘러선 푸른 산맥
도시를 감싸 안듯
산줄기 줄이어 달리고
풀숲에 이슬방울 모아 흐르는
계곡의 실개천
흐르고 흘러서 이루어진
남한강 북한강
하나 된 두물머리 한강
바벨의 심장을 관통하는
생명의 젖줄
수천만인 목마름의 해결사
민족의 생명 아리수
강을 가로 지른 교량 위에
달리는 전철
작은 파동 전율하는 교각들
저녁노을 빛
한강물 붉게 물들어
잔물결 일렁이며 춤을 추고
내일을 꿈꾸는 한강
오늘 대양을 향해 흘러간다.

✳ 가을 연가 ✳

가을 냄새 묻어나는 숲
찬 이슬 내리고
가을이 익어 가는 밤
오늘을 기다려 준비했는가?

하늘 아래 숲
풀벌레들의 가을 교향곡
마음 깊은 곳에
외로움 쓸쓸히 젖어드는가?

높은 밤하늘
흰 구름 사이로
아기 별 찾아 길 달려가는
하얀 보름달
그리운 엄마의 모습이련가?

이 풍경 가슴에 젖어드는
가을 연가 소리
나뭇잎 스쳐 지나는 바람소리
가을이 익어가는
가을나무들 신음하는 소리

✳ 인생길 ✳

내 사랑아
푸른 하늘 바라보느냐
덧없이 흐르는 시간
그 인생 너덜 길
들숨날숨 거친 숨 몰아쉬며
지난 온 시간들
한 줄에 꿰어 엮어보니
인생의 한 날이
아침 물안개와 같았어라.

나그네 꽃길 인생
화려한 꿈
흰 날개 달았더니
푸른 하늘
날기도 전에 꺾였는가?

진 수렁
어두움 속에 갇힌
옹동그라진 모습
오늘 버성긴 틈새로 스며든
한 줄기 밝은 빛
내 인생에 찾아든 생명이어라.

믿는 자의 소망이요
힘의 날개는
돋아날 기미조차 없는가?

생명의 빛 임재하시는 날
믿음은 비상하리라
푸른솔 벗 삼아 산 오르며
굳게 다짐하는가?
깊은 숨 들내 쉬며
하늘 향해 길가는 인생이여 ~

꿈을 펼쳐라!
희망의 날개여 돋아나라!
가슴 깊이 외치며
인생 너덜 길 굽어 오른다.

＊ 왜? ＊

왜 그럴까?
그리운 사람 찾아 만나고
그 후에는
기쁨보다 무겁게 짓누르는
어두운 구름
가슴에 젖어 스며드는
서글픈 마음
깊은 한숨 들내 쉬며
눈시울 붉어진 흐릿한 시야
영혼의 흐느낌
나는 그렇게 울고 있는데
흐르지 않는 마른 눈물이
가슴으로 흘러
내 영혼에 가득 채우면
표출할 수 없는 아픈 마음
깊은 탄식하며
하늘을 향해 절규한다.
주여!
왜?
내게 이러십니까?

✳ 그대는 ✳

짐승 하나
목마름에 비틀거릴 때
그대는
나의 만난 옹달샘이었고
황량한
사막의 길 걸어갈 때
그대는
동반자 삶의 지혜였다
그리고 그대
거친 광야에 가득한 솔향기
오 그대는
내 가슴에 봄비 되어
사랑을 품게 한
이 세상의
하얀 백합 꽃 향기였다.

✻ 아내 ✻

어두움 밝게 하는
당신의 미소
창문에 찾아든 하얀 별빛
영혼의 방으로
소리 없이 스며들고
어두운 밤하늘
칠흑 속에 핀 하얀 박꽃
그 향기는
주님 심어주신 사랑입니다.

당신이 부르는 노래
주님 주신 평화
환한 그 미소로 웃음 짓던
당신의 눈빛
온 땅 비추는 밤하늘의 별빛
잘 박힌 수정
보석 같은 당신의 눈
설레는 마음
주님 허락하신 행복입니다.

✳ 고백 ✳

오랜 날 기다려
그리도 곱게 몸단장하더니
누구를 위하여
오늘에야 꽃망울 터트리는가?

사랑의 향기
물안개처럼 피어 오르고
그 향기 그리우면
백번은 더 고백해야 할 것을
내 사랑 누이야
사랑의 열매를 맺자

꽃을 피우고
달콤한 행복을 노래 부르며
봄바람 불어오는 날
영원한 사랑의 꽃을 피우자.

✳ 봄 기다리며 ✳

푸른 잎 낙엽지고
찬바람 불어
겨울 나뭇가지 스쳐 지날 때
옷깃 속으로 스며드는 바람
나를 깨우면
내 속에 웅크린 영혼
또 다른 하나의 나를 보며
흰 눈 내리는 길목에 서서
봄을 기다린다.

아직은 흰 눈 덮인
낙엽 속에 잠든 작은 생명들
모두 한 마음으로
봄 기다리며
긴긴 겨울 밤 지새우는가?
겨울 찬바람 속에
웅동그라진 너
님 그리며 기다리는 마음
봄이 오는 길목을 바라본다.

✳ 기다림 ✳

겨울 찬바람에
나목들이 우는 비명소리
모두 들릴까?
얼어붙은 마음 녹여주는
따뜻한 빛
갈망하는 마음뿐
온 세상 추위에 꽁꽁 얼어
깊은 겨울 잠 속에
웅크린 작은 생명 하나
봄을 기다려 꿈틀거린다.

고요 속에 적막함
참아 기다리면
그 날은 속히 오려는가?
찬바람 스치는 소리
겨울 나뭇가지들 우는 소리
아 ~ 봄이 왔으면
아직은 끝나지 않은 겨울
낙엽 속 작은 생명
기다려 꽃은 피어나겠지?

* 아내의 회갑 *

한 갑자 돌아온
육십 년 바람의 세월
긴 ~ 시간을
세월은 그렇게 흘러왔나 보오 .

육십 년 전 그 날
온 땅에 봄의 기운 어리고
세상 향해 첫울음 울던 그날
빛의 천사
하얀 날개를 접었는가?
거친 세상을 향한
첫 울음 소리
온 땅 메아리로 울려난다.

당신이 살아온
한 갑자의 긴 ~ 여정
그것은
믿음의 선한 싸움
고난 속의 눈물로 빚어낸
값진 진주
주님을 향한 헌신의 길
화평을 위한 사랑

그 향기 품은
하나님의 사랑이었소.

그대는 촛불
헌신하는 자기희생의 불꽃
목마른 자의 생수
바다 풍랑 속의 등대
생의 삶 인도하는 빛이었어라.

나의 사랑 당신은
하늘 꽃향기
오늘이 가기 전
한 갑자의 생 돌아보는 날
음악 속 화려한 이벤트
축하객 없어도
사랑의 노래 여기에 있어
축하의 노랫소리는
온 집안 가득히 울려 퍼진다.

✳ 어머니 I ✳

어머니의 사랑
헌신적인
자식 향한 짝사랑이었소
자식 더 먹이려고
숟가락 놓으시며
배부르다 하시던 어머니
물 한 사발 마시며
허기진 배 졸라매던 어머니
피곤한 몸 불편해도
편히 한번 쉬지도 못하시고
온 힘을 다해
사랑으로 육 남매
뒷바라지 하시던 어머니
힘겹던 일들
땀에 젖어 검게 탄 얼굴
야윈 그 모습
살갗이 찢어져 피 흘러도
아랑곳없던 어머니
일평생 살아온 삶
육 남매를 향한 헌신의 사랑
이제는 가슴에 묻어
그리움으로 찾아드는 환영

아픈 마음 삼키며
가슴으로 울어 나를 침묵한다.

✳ 어머니 II ✳

황혼 빛
무겁게 내려 가라앉고
땅 어두움이 내리는 무렵
아련하게 들리는
개 짖는 소리
사위는 어둠에 쌓여
두려움에 웅크리고
근심에 젖어 있는 어머니
눈 속에 비친
흰서리 덮인 주름진 꽃
그 모습 안쓰러워
속절없이 남몰래 흘리던 눈물
속죄의 눈물이런가?
가슴으로 조용히 불러보는
보고픈 어머니
이제는 어디에서도
그 모습 찾아 볼 수 없구나
조용히 하늘 보며
입술로 읊조리듯 불러봅니다.
어머니~ 어디에 계십니까?

✳ 샤론의 꽃향기 ✳

주의 은총을 입은
백합 같은
너 하나님의 사람아 ~
거친 광야에
푸른 빛 생명 하나
그 흔적도 없는 메마른 땅
주님의 능력
샤론의 꽃 피어나고
그 향기는
믿는 자 가슴으로 스민다.

하나님의 사람아 ~
믿음의 길
생명의 씨 뿌려왔는가?
광야는 마른바람 불어일어
티끌만 날리니
푸른 생명 너 없었구나.
외치는 하늘의 소리
말씀의 능력
샤론의 꽃 피어나고
그 향기는
생명으로 광야를 깨운다.

하나님의 사람아 ~
주님의 이름을 선포하며
부르짖는 기도
샤론의 꽃 피어나고
그 향기는
온 세상 스며들어
죽은 자의 생명이 되고
세상 꽃 피워
복음의 열매를 맺고
너 주님의 영광이 되어라.

✳ 하늘의 빛 ✳

하늘 소리여 ~
너 오롯이
하늘 푸른 꿈 펼쳐라
산마루턱이
솟구쳐 오르는 태양 빛
온 누리 비칠 때
천상의 소리
온 땅 울려 진동하고
생명의 빛
복음의 진리 되어
가슴 깊은 곳
빛으로 영혼에 스며든다.

내 영혼아 ~
너 하늘의 소리 듣는가?
검은 솔개 하늘 날며
푸른 나무 사이
어두움 젖어 스며들어도
하늘의 빛 진리
변함없는 사랑의 노래
세상 소외된 야윈 모습들
가슴에 보듬으며

박동하는 사랑의 소리
온 누리 생명의 숨결 되리라.

✳ 주님의 교회 ✳

세월의 모진 바람 속에
제 살 깎는 듯
진통 속에 해산으로
이 땅 위에 세워진 교회들이여 ～
탈태환골 하는가?
묵은 껍질 벗어 내듯
은혜로 거듭난 교회들이여!
내일이 오기 전
꿈을 향한 믿음의 고백
손 높이 들어 주 찬양 드리네.

주님 없는 빈 가슴
무방비 도시
흑암은 쉬 젖어 깊이 스며들고
왜곡된 진리
가슴 속에 꽃 피우지 못해
굳어버린 영혼들
너 믿음의 열정으로 녹이고
복음의 씨 뿌려
오롯이 너 꽃 피우리라
주님의 교회여 ～
하늘 영광으로 너 가득하여라.

✳ 빛의 소리 ✳

그날이 오면
닫힌 마음 문 열리려나
문 두드리는 소리
영혼 울리는 주님의 신음소리
영혼의 창 닫으려 할 때
빛의 소리
가슴 속으로 울려 퍼지고
복음의 빛 소리
영생의 꽃이 피는 그날까지
생명의 빛으로
온 땅 밝은 빛 되어 비추리라.

주님의 뜻
하늘에서 이루어지고
생명의 빛
온 땅 위에 가득할 때
껍질 속 갇힌 영혼 깨어나
생명은 꿈틀거리고
흩어진 백성들
바벨에서 구별된 주님의 교회여
하늘 빛 소리로
그 나라 그의 의를 이루리라.

✳ 칠월에 부르는 아내의 노래 ✳

사랑하는 아들아 ~
아득한 날 하늘 문 열리고
생명의 빛
어미 품에 찾아 온 너는
나의 첫 사랑
촉촉이 젖어 있는 눈망울
해맑은 그 미소
여린 손 더듬어 가슴에 들면
어미는 전율하며
행복의 눈물로 기도드린다.

밝은 빛 칠월은
푸른 나무줄기 뻗어나고
포도 알알이 익어
그 향기 은은히 묻어나는 계절
오랜 기다림 속의 오늘
늦은 비의 축복
칠월에 찾아온 아기 천사
가슴에 품어 젖 물리는
어미의 행복
너를 향한 첫 사랑
언제나 늘 푸른 솔향기이어라.

✳ 어머니의 심정 ✳

하늘 향해 미소 짓는
어머니의 행복
한 여름 날에
향기 날리는 흰 백합화

나의 사랑아 ~
일출과 일몰 속의 시간들
수없이 스쳐가며
푸른나무 꽃 피우는가?

한밤에 부르는 어머니의 노래
아들아 행복하여라
행복은 사랑할 때
샘솟는 삶의 기쁨이로구나.

사랑하는 아들아!
소망의 푸른 꿈 꾸었느냐?

어머니의 미소는
푸른 나무에 활짝 핀 꽃향기
자녀의 행복을 기원하는
어머니의 기도

자욱한 물안개 걷히고
세상 바다 광야 길 열리리라
주님 동행하시며
너의 가는 길이 형통하리라.

✳ 오늘 기다려 ✳

주님 축복하소서!
오늘 기다려
성령의 기름 부으시고
생명의 빛
온 누리 땅 위에 가득히
주님교회 위에 부으소서.

전도자 축복하소서
잠재된 능력
주의 이름으로 일깨우시고
생명 없는 영혼 울리는
하늘 빛 생명
그 복음의 소리로
넓은 광야 울려나게 하소서.

하늘 나르는 새들이
거친 짐승
푸른 초목들이
하늘 하나님을 향해 춤추며
찬양하게 하옵소서.
온 누리 참 빛 아래
주의 나라 백성 되게 하소서.

✳ 로뎀 나무 ✳

하나님이여 ～
광야에 불어 이는 바람
흔들리는 갈등
나 광야에
홀로 서있는 로뎀 나무
길 잃은 나그네
칠흑 같은 어둠 속에
홀로 버려진 영혼이었나.

삭막한 땅 광야
바람 불어
스스로 울부짖는 나무여 ～
생명의 참 빛 소리
빛살 되어
흑암의 벽 가를 때
로뎀 나무
깨어 일어나라 하소서.

✳ 어리석은 자 ✳

어리석은 자여 ~
스스로 공의롭다 말하며
높은 산
바위에 올라선 자여 ~
자신의 의로 만든 틀 속에
너의 영혼 스스로 갇혔으니
오 어찌 할꼬
귀먹은 장님이라
보고 듣지 못하는가?
너 자신을
말씀의 거울에 비추어 보라
장애물 제거하며
어둠 깨트리고 일어나라
참 빛 생명으로
어리석은 자
거듭나라
주님 가르치소서.

✳ 빈 마음 ✳

사랑하는 자여
이 세상 쾌락의 잔에 취해
육신의 정욕을 좇아
기웃 거리다
고난 속에서 주님 만나
육신의 정욕 싫어 버리고
빈 마음으로
주님 앞에 그대 섰는가?
오늘 눈물 흘리며
무릎 꿇어 엎드렸사오니
오 주여 ~
십자가 멍에 가볍게 하소서
그 허락 하신 길
비틀 거리지 않도록
나의 손잡아 인도하소서.

✳ 추석 ✳

옛 생각 그리움
작은 가슴 깊은 곳에 묻어두고
갈대 숲 생태공원
오가는 사람 많아도
나 홀로 걷는 소래둘레길

흰머리 가을바람에
억새풀 흰 꽃 울어대고
홀로 걷는 인생의 오르막길
거친 숨 들내 쉬며
가슴 아름 벅차오른다.

팔월 한가위
등허리 펴 하늘 우러러보고
집 떠난 아희 놈 돌아오려나
기다려 한숨어린 둘레길

길 가에 핀 코스모스
춤추듯 정겨운 모습
가을빛 바람에 간들거린다.

✳ 만추 ✳

깊어가는 가을 날
만추 !
찬바람에 몸서리치며
나뭇가지 사이로
찾아오는 겨울을 본다.

무성한 푸른 잎
낙엽 되어 떨어지고
흔들리는
앙상한 나뭇가지 위에
비둘기 하나
바람에 몸을 가누며
지난 여름날 추억하네.

오봉산 숲길 따라
산바람 맞으며
저녁노을 가을 속으로
하늘의 철새 따라
발걸음 옮기며
내일은 겨울
숨 가쁜 인생길 오른다.

✳ 길 II ✳

석양빛 산마루
아직도 붉게 물들고
길거리에
어둠이 내리면
희미한 가로등 불빛들
하나 둘 셋
인걸 하나 없는 거리

달빛 고요히 흐르면
밤의 적막함
가을 귀뚜라미 우는 소리
뜰 숲에 이는 바람
낙엽 지는 세미한 속삭임
흐르는 달빛
홀로 길 가는 나그네

외로움의 고백인가
풀벌레 소리
저 광활한 밤하늘에
행진곡 울리고
구름에 달 가듯이
인생의 길 가는 나그네

✳ 코로나 바이러스 폐렴 ✳

경자년
새해를 알리는 타종 소리

이천이십 년
찾아든 낯선 불청객
어둠을 타고 불어 닥친 풍랑!
코로나 바이러스 폐렴

도둑이 숨어들 듯
우한에서 일어난 사악한 바람
여린 가슴 무겁게 짓누르고
암울함 속에 빠진 온 땅들이여 ~

슬픔에 흐느끼는 듯 내리는 비
어두운 밤 지나고 나면
여명이 밝아 오듯
봄은 깨어나 꽃피우려는가?

절규하는 작은 생명들의 몸부림
하늘 향한 기도이련가
오 주님이시여 ~
하늘의 하나님 아버지시여 ~

코로나 바이러스
소멸되기를 바라는 기도소리
들으시고 응답하소서!
승리의 노래를 부르게 하소서!

✳ 죽음 ✳

태초에
예정과 계획 속에서
로고스는
나를 택하여 부르시고
내일이 오기 전
믿는 자 위해
죽음의 십자가 지셨도다.

십자가 보혈
죄 씻어
정결케 하시고
믿음의 흰 옷 입히시며
나의 백성
나의 자녀라 하셨네.

주님 십자가 죽으심은
두려움 버리고
죽음의
공포에서 자유하라
믿는 자 위하여
십자가 죽음 보이시고
다시 살아 부활하셨도다.

✻ 노인 ✻

석양 빛 노을 속에
간들거리는 흰머리 억새풀
바람아 불어라
푸른 나뭇가지 사이로
찬바람머리 불어내리면
푸른 잎
가을이 물들어
꽃잎은 시들어 가는가?
세월의 흔적
흐르는 물결처럼
얼굴엔 잔주름 가득하고
광활한 푸른 하늘
하얀 조각구름
홀로 서 있는 노인
언제 주님 오시는지
바람 따라
흰 구름 타고 오시려나.
뉘엿거리는 석양 빛 사이로
노인의 눈가에
영롱한 이슬방울 맺힌다.

✳ 하나님 ✳

하나님이여 !
성령의 단비 내려
계곡에 맑은 물 흐르고
푸른 나무들이
가지마다
생기 돌아 꽃 피우면
성령의 빛으로
믿음의 열매 맺게 하소서.

하나님이여 ~
세속에 물든 영혼들이
참 빛 아래서
거친 숨 들내 쉬며
주님 잊은 채
어두운 터널 속에 갇혀서
의의 길 찾지 못해
하늘 향해 울부짖나이다.

여호와여 ~
거북껍질보다 단단한 아집
스스로 벗지 못해
신음하는 소리

그 두려움 떨어내는 날
의로 옷 입혀 주시고
생명의 빛으로
하나님의 영광 보게 하소서.

✳ 하늘의 꽃 ✳

아 ! 그대는
생명의 말씀으로 핀
향기 가득한 하늘 흰 꽃이어라
그대 순례자여!
성령의 바람 불어일 때
생명의 말씀은
하늘 이슬에 젖어
푸른 생명 꽃 피워 열매 맺는다.

아 선지자여!
미소 띤 그 얼굴
믿음의 향기 묻어나는 하늘의 꽃
해맑은 그 미소
영원하라 노래하는가?
가을 꽃 간들거리며 춤을 춘다.

십자가의 핀 꽃
온 땅 가득한 사랑의 향기
성령의 빛으로
그늘진 저변 속 소외된 자
가슴에 품어 온
하늘의 꽃 사랑의 향기였습니다.

✳ 빛의 사자 ✳

하늘의 빛 전령사
빛의 사자여 ~
험한 산 거친 광야 길 가다
너는 낙망치 말라
그 가는 길 어렵고 험해도
주께 기도드리면
그가 하늘에서 들으시고
응답하시리니
너 가는 길이 형통하리라.

다윗의 노래
푸른 초원 맑은 시냇물
목마름 없는
물댄 동산의 풍요로움이여
양떼 돌보는
목자 장 예수 그리스도
성령의 바람 불어
진리의 꽃향기 온 세상 날리면
벌 나비 떼
생명수 샘 마시며
주님의 나라 번영을 이루리라.

✳ 싯딤나무 ✳

거친 광야에
홀로 선
너 싯딤나무여 ~

척박한 땅 목마름 속에
살기 위한 몸부림
비틀리고 뒤틀린 몸
가시가 있어
외면 속에 버림 받았는가?

허와 실은
오롯이 주님께 맡기며
살 수 있는 길
땅 속 깊이 뿌리 내리고
온 몸 갈증 해소하며
인내와 신념으로
광야에서 어렵사니 자랐구나.

외면 속에
버려진 조각목들
주님 눈여겨 보심이여
궤를 만드시고

정금으로 옷 입히셨는가?
언약의 말씀 담아
거룩한 언약궤 되었구나.

너! 전에는
주님 알지 못하던 이방인
부르심의 은혜로
이제는 가슴에 복음 품었으니
말씀 담은 언약궤
그리스도로 옷 입은
택함 받은 자
너! 거룩한 하나님의 사람
생명 품은 그리스도인이어라.

Ⅲ _ 삼행시 편(三行詩 編)

내가 증거하노니 저희가 하나님께 열심히 있으나 지식을 좇은 것이 아니라 하나님의 의를 모르고 자기 의를 세우려고 힘써 하나님의 의를 복종치 아니하였느니라 그리스도는 모든 믿는 자에게 의를 이루기 위하여 율법의 마침이 되시니라 (롬 10:2~4)

교회 설립과
목사 임직자의 계획과 뜻이
주님의 은혜 속에서
이루어지기를 바라는 마음을
삼행시에 표현한 것입니다.
또한 하나님 사역을 행함에 있어서
자기의 의를 세우기 보다는
그리스도의 의를 따르는
그리스도인이 되기를
바라는 마음을 표현한 것입니다.

* 샘물교회 설립 축하를 드립니다

샘물교회 설립과 신 혜숙 목사 임직을 축하드리면서
기도하는 마음을 삼행시로 표현해 본 글입니다.

설만한 자 주님 택하시며 기름 부어 세우시고
립(입)술로 신앙고백하며 나의 증인이 되라 하시네.

샘솟듯 솟아나는 주님의 능력 영혼을 살리며
물결처럼 흘러와 생명수로 세상을 덮는가?
교회는 어둠을 뚫고 솟는 태양처럼 빛을 발하면
회중을 향해 외치는 자의 소리 넓은 산야를 울린다.

신의 소리에 귀 기울이며 기도하는 종이여
혜풍이 불어 모든 근심 사라졌으니 주님 은혜라
숙덕을 겸비하며 복음의 횃불을 높이 들었는가?

목자는 길 잃은 양 찾아 어둠 속에 불 밝히고
사모하는 영혼들 양떼처럼 동서남북에서 모여들겠네

임산의 기쁨을 누리며 주님의 은총을 입은 자여
직권을 받았으니 주님의 능력으로 교회 섬기며
예를 갖추어 경배하며 진리의 말씀을 설파하니
배상하는 성도들 머리 위에 주님의 축복 영원하리라

✶ 소망의 교회를 축복하소서

소망의 교회 박 윤영 목사님의 사역이 더욱 빛나
하나님께 영광이 되기를 기원합니다.

소외된 영혼 위로하며 벗이 되어 주시고
망향을 찾는 자의 소망이 되어 주시는가?
의인의 발자취 따라 주의 향기 날리고
교화되는 성도들을 가슴에 품어 주시며
회중들은 주님의 영광의 빛 되게 하시네.

박애의 삶 살아가는 목사님의 모습은
윤이 빛나는 그리스도의 십자가 사랑이요
영원한 생명 되시는 주님의 영광이어라.

목마른 영혼들이 낙심하지 않도록
사명 감당하는 주님의 종 되게 하소서.

✽ 목사임직 축하를 드립니다

김 금자 김 명신 목사 임직 및 선교사 파송을
기도하는 마음으로 삼행시에 담아 축하하는 글입니다.

임산부가 오늘 해산을 하니 모든 자들의 기쁨이요
직분은 지극히 거룩하신 이가 주셨으니 성직이라
자고하는 마음 버리고 사랑으로 종노릇하라 하시네.

김(금)빛이 아름다움은 오늘 벧엘이 품어 낳았음이요
금보다 더 귀한 직분 성령으로 기름 부어 세우셨으니
자신을 드리며 헌신을 다짐하는 종 형통케 하옵소서.

김(금)보다 더욱 귀한 생명의 말씀을 그대 품었으니
명성보다는 하늘 영광이 땅 위에 임하기를 바라고
신뢰 속에 깊어가는 영성으로 복음의 꽃이 되어라.

목자여 잃은 양을 찾아 광야의 소리되어 외치는가?
사랑의 주님 그대 능력이 되어 항상 함께 동행하시니
안위를 바라며 죄의 질곡에서 부르짖는 영혼 구원하고
수족처럼 동거동락하며 동역하니 하늘 영광이어라.

선유하는 목자의 소리 거친 광야로 울려 퍼져 나가고
교리를 깨우치는 주의 백성들 하늘 찬송을 부르니
사모하는 영혼들마다 거룩한 주의 영광을 보리로다.

파수꾼이 망대에 올라 부르는 그 영혼의 소리
송영의 노래인가 선지자를 위한 천상의 소리인가?
예찬하며 거친 광야를 향해 가는 순례자의 발이여
배상하는 거룩한 무리들 위에 영원한 말씀이 되어라.

* 몽골 선교사 파송을 축하를 드립니다

박 경숙 목사 임직과 몽골 선교사 파송을
기도하는 마음으로 삼행시에 담아 축하드리는 글입니다.

박약해 보여도 선교사의 믿음은 산을 옮기고
경적을 울리는 천상의 소리되어 영혼을 깨우니
숙명이련가 거친 광야로 순례자는 길을 간다.

목자는 양의 소리 들으며 잃은 양 찾아 가슴에 품고
사랑은 그 속에 가득하고 그 향기 광야로 퍼질 때
임이 되어 함께하시는 주의 성령 영광을 받으시니
직분 자는 복음의 진리로 띠 띄우며 경배 드리네.

몽은을 입은 자여 주님을 따라 광야 길을 가며
골고다의 십자가 신음소리 듣고 눈물짓는가?

선교하는 전도자의 발 거친 광야로 향할 때
교리를 전하며 외치는 소리 잠든 대륙을 깨우니
사도는 복음의 꽃 피우며 믿음의 열매를 맺는다.

파발 군이여 천국소식을 가슴에 품어 외치는가?
송언하는 선지자의 소리 듣는 자는 영생하리라
예상왕래하는 거듭난 성도들 기뻐 거리를 메우고
배견하며 찬송 부르니 그 소리 광야를 덮는다.

* 선민교회 성전 입당을 축하드립니다

최 순애 목사가 섬기는 선민교회가 새 성전 입당 예배를
드리게 된 것을 기뻐하며 이 마음을 삼행시에 담아 축하하는 글입니다.

선민들아 일어나라 복음의 횃불을 높이 들어라
민중이 가는 길 어두컴컴하니 진리의 불을 밝혀라
교리를 외치는 목자의 소리 가슴을 쳐 영혼을 울리고
회심하는 교도들 열정으로 구원의 꿈을 이루네.

새롭게 된 교회여 더욱 새롭게 부흥하며 성장하고
성문으로 들어와 고백하며 믿음으로 기둥이 되고
전상에 가득히 퍼지는 복음의 향기는 세상을 덮는다.

입멸하는 자 다시 살리라 하시며 예복을 입히시는가?
당당 입선하니 당당하다 은혜 입은 하나님의 사람들아!
예모를 갖추며 성도 섬기는 그 모습, 주님 닮았구나
배상하는 선민을 사랑하시니, 너 주의 택하신 자로다.

최선봉에서 양떼를 이끌며 바람막이 되었는가?
순차무사하기를 기도하며 사랑으로 품어 섬기고
애자지정으로 가슴에 품어 오늘 값진 열매 맺는다.

목자는 고뇌를 잊고 양의 신음 소리에 귀 기울이며
사명의 너덜길 가며 그 나라 오기까지 평강을 외치네.

✳ 충주은혜교회 설립 축하를 드립니다

충주은혜교회 설립하시고 목사 임직하시는 황 현옥 목사를
축하하는 마음을 삼행시에 담아본 글입니다.

설정된 예정 속에 세워진 교회 주님 영광 받으시니
립(입)술로 고백하는 임직자의 그 믿음 더욱 성숙해지고
충성을 다짐하며 주님 전에 엎드려 눈물 흘리니
주님은 사자들을 보내어 오늘 성령의 기름 부으시네.

은혜롭다 은은히 가슴에 젖어드는 하나님의 소리여
혜풍에 실리어 날아든 홀씨 심령에 뿌리를 내리고
교도들의 생활 속에 향기 되어 빛의 열매 맺으며
회중은 기뻐 찬양 드리니 영광의 주님 임하셨도다.

황금보다 더욱 귀한 것은 생명이라 외쳐 복음 전하며
현철한 자의 가는 그 길 성령의 빛으로 조명하시니
옥향은 가슴으로 젖어드는 그리스도의 향기로구나

목자의 길 가는가 그 발자국마다 꽃은 피어나고
사랑은 열매 맺는다 영원한 생명의 나라 이루기까지
안녕을 기원하며 가슴 치는 목자여 그대 눈물짓는가?
수고의 그 손길 열매를 거두니 주님 영광 가득하구나

임을 사모하는 자여 그대 눈을 들어 하늘을 보는가?
직무명령 받았으니 주님 오시는 그날까지 깨어있어

예복을 입고 주님 전에 엎드려 찬송하며 경배 드리니
배상하는 회중들 위에 신령한 복을 물 붓듯 부으시네.

* 벧엘기도원 장로 장립 축하드립니다

벧엘기도원 설립 15주년을 맞아 배 병문 장로 장립을
축하하는 마음을 삼행시로 표현한 글입니다.

벧엘에서 꿈을 품은 야곱은 믿음의 족장이 되고
엘리야는 믿음의 승리로 불 병거 타고 승천하니
기적을 체험한 생도들 우러러 하늘 영광 돌리는가?
도리를 따르는 무리들 위에 은혜의 단비 내리시니
원근각지에서 소문들은 성도들 구름처럼 몰려오네.

십자가의 사랑 보이시려 등허리에 형틀을 메시고
오르시는 무거운 발걸음 갈보리산 골고다 그 언덕길
주님 흘리신 보혈 바람에 실리어 인류의 생명이 되고
년(연)대의 변함없이 오늘도 꽃피워 복음의 열매 맺는다.

배달민족이여 복음에 취하였는가? 저 하늘민족이 되고
병거타고 승천한 엘리야의 능력 갑절을 구하니
문도들의 품은 소원 주님 거룩한 성산에서 이루시고
장로의 권위는 성도 섬김을 통해 세상의 빛이 되었으니
로숙한 성인의 믿음 소망을 품은 성도들의 본이 되겠네.

장성한 성도들의 믿음은 주님을 영화롭게 하는 것
립(입)술로 고백하는 믿음의 신조는 더욱 깊어만 가고
예빙되어 주를 경배하는 그 모습 심히 아름다우니
배상하는 성도들 위에 성령의 단비를 내리시네.

✳ 청주은혜교회 이전,
장로장립 축하를 드립니다

청주은혜교회 성전 확장 및 이전예배와 반 관식 장로 장립 및
오 연춘, 최 순임 권사 취임식 예배를 축하하는 마음을 삼행시에 담은 글입니다.

청풍은 가슴깊이 스며들어 우리의 영혼을 맑게 하고
주님의 은혜를 사모하니 교회여 주님의 음성을 듣는가?
은은히 젖어드는 주님의 숨결은 믿는 자의 능력이 되고
혜풍 속에 어렵사리 자란 너 활짝 핀 백합화로구나
교적에 이름 오르고 목자의 음성에 그대 귀 기울이는가?
회중은 연합하여 경배 드리며 생명의 꽃을 활짝 피운다.

성스럽다 하나님의 자녀들아 그리스도로 옷 입었으니
전무한 주님의 은혜요 그의 사랑을 덧입은 자로구나
확장된 교세 속에 온 성도들 하나 되어 노래 부르고
장구한 역사를 이루며 부흥하리라 교회는 다짐을 하네.

이어 받은 그 믿음의 유산은 아브라함의 믿음이요
전에 없는 주님의 은총이라 교회는 기뻐 찬양을 드리고
예절 속에 겸손으로 섬기는 성도들의 아름다움이
배명 받은 그리스도인의 삶이요 세상의 빛이로다.

반듯한 신앙은 올바른 생활로 주님께 영광을 돌리고
관용으로 그리스도를 닮았으니 교우들의 본이 되는가?
식별하는 은총을 주께 받았으니 선과 악의 분별이라

장등을 켜서 어둠을 밝히고 길가는 자의 등대가 되니
로아처럼 구원의 방주를 그대 평생에 걸쳐 지으려는가?
장상의 길 가기보다는 낮은 곳에서 섬김을 택하고
립(입)약된 주님의 말씀을 따라 십자가를 지고 가네.

오욕을 버리니 주님의 은혜로 더욱 자유로워지고
연포지목이었는가? 믿음이 자라 거목이 되었으니
춘삼월에 활짝 핀 꽃 그 향기로 성전 가득히 채우며

최상의 것을 주께 드림이 믿음이라 입술로 고백하는 자
순결무구하니 주님 기쁨으로 그의 마음을 받으시고
임직자에게 손들어 축복하시니 하늘의 신령한 복이라

권도로 길 잃은 자 인도하니 주님을 닮은 사랑이요
사명을 감당하며 먼 길 가는 그 발걸음이 아름답구나

취하라 세상 것을 버리고 주님 주시는 그 신령한 복을
임재하신 주님의 성령 오늘 사모하는 자를 찾으시니
예를 갖추고 연가를 부르며 그의 앞에 엎드려 경배하라
배상하는 성도들 축복하시며 성령의 기름 부으시리라.

* 엘림교회 설립
목사임직 축하를 드립니다

엘림교회를 설립하면서 최 주열, 최 정순 목사 임직을
기도하는 마음으로 삼행시에 담아 축하하는 글입니다.

엘리사 본받아 스승의 겉옷 취하니 능력의 사명자 되고
림몬 바위틈에 웅크린 잃은 양을 찾아 가슴에 품었으니
교리를 외치며 일어난 주의 사자 어두운 세상 불 밝히고
회중들은 연합하여 진리를 따르니 흑암의 권세 물러가네.

설립예배 드리는 엘림교회 위에 임재하신 성령이여
립(입)술로 신앙 고백하는 성도들 주님 축복하시니 영생이라
예답다 하나님의 사람들아 사랑으로 섬기며 헌신하니
배상하는 성도들 머리 위에 하나님의 성령 임재하시네.

목자의 노래 소리 광야의 거친 돌들이 귀 기울이고
사명에 불타는 뜨거운 열정 믿음으로 고백하는가?
임금 되시는 주님의 명령 따라 험한 길 가는 순례자
직분이란 무거운 멍에 지려고 주님 앞에 무릎 꿇었네.

최초로 부부를 함께 기름 부어 주의 사자로 세우심이여
주류하는 순례자 발걸음마다 성령의 열매 맺게 하시고
열정으로 외치는 주의 소리 능력이 되어 강건케 하소서

최상의 존귀함은 주님과 함께 십자가 지고 가는 그 길
정금 길 가기보다는 갈보리 산 언덕길 오르는 너덜 길
순결무구한 심정 주님 기뻐하시니 그대들 영광이어라

목양자여 소망의 날개를 펼쳐라 푸른 생명들을 향하여
사랑을 외치는 그 소리 가슴 깊은 곳에 뿌리를 내리네.

✳ 지구촌교회 장로장립 축하를 드립니다

지구촌교회에 장로 장립과 권사 취임을 축하면서
삼행시로 축하마음을 담아본 글입니다.

지상으로 흩어진 선택된 하나님의 소리들이여
구하라는 주님의 소리 뇌성처럼 가슴을 울리는가?
촌장의 애타는 심정 천상의 소리되어 교리를 외치니
교화되는 수많은 사람들 주의 백성으로 거듭나고
회중들 기뻐 영광 돌리니 하나님의 큰 은혜이어라.

장구한 역사 속에 하나님의 교회는 번영을 이루고
로(노)인들은 꿈을 꾸고 젊은이들은 이상을 보는가?
장래의 소망은 영생 구원이라 믿음으로 소유하고
립(입)술로 고백하는 성도들 주님 손들어 축복하시네.

권면으로 어우러져가는 주님의 사랑 열매 맺는가?
사유하는 믿음 영혼의 깊음 속에 웅크린 나 깨트리고
취하여 움킨 손을 믿음으로 주님 앞에 펴 드렸으니
임재하신 주의 성령 기름 부으시며 영광 받으시네.

예로서 경배하며 섬기는 천국백성 지구촌 교회여
배상하는 성도들 머리 위에 주님의 축복 영원하여라.

✳ 신광교회 이전 축하를 드립니다

신광교회 이전 예배를 드리면서 보다 더 축복된 교회로 성장하고
주께 영광이 되기를 바라는 마음을 담아 삼행시로 표현한 것입니다.

신의 명령을 받아 세상의 빛이 된 너 신광교회여
광명의 큰 빛이 되어 저 광야를 향해 비추고
교단에서 선포되는 말씀 생명수 강 되어 흐르는가?
회중은 봄을 만난 나무들처럼 복음의 꽃을 피우겠네.

이전에는 신앙의 빛이 없어 너 어두움에 거하더니
전이 되었는가 빛을 발하는 신광 영혼에 스며들고
예배 속에 성숙되는 향기는 믿는 자들의 고백이니
배상하는 성도들 머리 위에 언약의 축복 이루소서.

방언의 소리 신광을 뚫고 치악산 산울림이 되고
옥음이 울려 퍼지는 소리 성도들의 가슴 진탕 되어
분천 하는 생명수 샘 영혼의 기쁨 되어 솟구쳐 흐르니

목자의 흘리는 눈물 광야로 꽃을 피워 열매를 맺고
사명에 불타는 그 열정 흑암을 가르는 영광이 되어라.

✽ 사랑의 교회 안수집사 장립 축하를 드립니다

사랑의 교회에 임직자를 세우는 축하 예배로 임직자들이
올곧은 믿음으로 주께 사랑받기를 바라는 마음을 삼행시에 담아본 바램입니다.

사모하는 마음 성도들 품었으니 주를 향한 사랑이요
랑군 되시는 예수님의 헌신적인 그 사랑을 바라보며
의 옷을 입고 따르며 주님 십자가의 사랑 전하니
교단에서 울려나오는 영음의 소리, 영혼을 맑게 하고
회중들은 기뻐하며 찬송 부르니 주님 영광 받으시네.

전국으로 흩어진 하나님의 백성들 긍휼히 여기시고
영성을 회복시키시며 영안을 열어 하늘 보라 하시는가
선한 행실로 맺어진 열매, 온 땅에 향기 되어 날리네.

안식하는 성도들은 평안 속에 거룩한 예배를 드리고
수고의 땀방울 떨어지는 곳마다 복음의 꽃 피어나니
집념의 자아 깨트리며 깊은 곳에 웅크린 나를 보며
사명을 따라 길 가는 순례자 광야로 발걸음 옮기는가?
장도에 올라 먼 길 가는 나그네 본향을 그리워하며
립(입)술로 신앙을 고백하니 직분자의 삶이 형통하겠네.

김(금)보다 귀한 믿음 가슴에 품었으니 부러움이 없고
억만년 세월이 흘러도 너 그 믿음 변함이 없었으니
례로서 단장하며 경배하는 그 모습 아름답다 하시네.

김(금)빛이 눈을 현혹하나 생명의 빛보다 더 귀할까
순전한 믿음으로 무릎 꿇어 주님 앞에 경배 드리니
희락의 즐거움이 가슴 깊은 곳에서 샘솟듯 솟구쳐나네.

임마누엘의 하나님 섬기는 심령마다 주님 함께하시니
정열을 쏟아 마음을 다하며 섬기고 헌신하는 그 믿음
희망을 심어주는 전도자의 삶이요 내일의 소망이어라

김(금)빛은 가슴으로 스며들어 믿음의 꽃을 피우고
희망의 날개를 주께 받아 푸른 하늘 광야를 나는가?
숙련된 믿음 성도의 본이 되고 사랑이 되어라 하시네.

권면 속에 피어나는 사랑, 교회는 더욱 화평을 이루고
사역으로 힘을 얻는 목회자의 외치는 그 생명의 소리
취한 모습 성령의 새 술인가 능력이 되어 임하셨으니
임전무퇴의 신앙 대적하는 흑암의 세력들이 무너지네.

예루살렘에 임재하신 성령, 사랑의 교회에 임재하시고
배수하며 경배하는 성도들 주님 영생하라 축복하시네.

✳ 총회 연장교육원에서

삼박 사일의 연장교육을 마치고 폐회예배를 드린 후
수고하셨다는 서로격려 차원에서 그 마음을 삼행시에 담은 글입니다.

합력하여 지나온 시간 돌아보니 십육 년의 긴 세월
동역자들의 수고 속에 성장해온 연장교육원
선한 이의 뜻을 따라 빛의 사자들이 되어가고
교단에서 선포되는 복음의 진리는 생명의 꽃이 되어
총애로 성령의 열매를 맺는, 주의 사자들 되었으니
회집한 현장 속에 임재하신 주님 영광을 받으시네.

제자 된 동역자들이여 주님의 음성 들리지 않는가?
이십사 장로들 주님 앞에 면류관 벗어 영광 돌리고
십사만 사천 인들이 찬송을 부르는 그 영광의 나라
사명을 따라 동역자들이 흘리는 수고의 땀방울들
차질 없는 주님의 계획, 사역자들은 보상을 받겠네.

교리를 외치는 그대들이여! 주님의 소리 되었는가
역사를 이뤄가는 발자국마다 복음의 꽃은 피어나고
자기 십자가 지고 가는 그 길, 하나님의 능력이어라

연명하는 성도들의 믿음, 말씀으로 풍요롭게 하고
장성한 그리스도인들로 연합하여 하나 되었으니
교계에 소문난 총회, 온 세상 불 밝히는 등대 되어
육성하는 후학들 성령과 함께 동행하며 찬송 부르네.

세족식을 행한 주님의 사랑을 체험하니 주의 은혜라
미미한 떨림의 흐느끼는 영혼의 소리 가슴 진탕되고
나를 돌아보는 주의 사자들 내일을 새롭게 다짐하네.

＊ 한빛교회 설립기념 축하를 드립니다

한빛선교교회 설립 26주년 기념 예배와 장로, 안수집사 장립 및
권사 취임 예배를 축하하는 마음을 삼행시로 담아 본 글입니다.

한 성령으로 그리스도 안에서 한 몸 된 한빛교회여
빛의 자녀들이 되어 어두운 세상 빛이 되려 하는가?
선유된 주님의 복음으로 거듭난 천국 백성들이 되고
교도들은 빛으로 사랑을 나누는 공동체가 되었으니
교정하는 목자의 외치는 소리 영원한 즐거움이 되고
회중들의 성결한 삶은 거룩한 성령의 열매를 맺는다.

설계된 하나님의 교회, 혼탁한 세상 속에 빛이 되고
립(입)술로 고백하는 성도들의 신앙고백 가슴을 찢으며

이민위천하는 목자의 사랑을 입어 하늘 백성 되었으니
십분준신의 믿음 하늘도 감동하여 축복의 문 여셨는가?
육대주 오대양을 포교하는 교회, 선교 지경을 넓히며
주님의 명령 준행하며 십자가 지고 영생의 길을 가니
년(연)륜 속에 피어오르는 믿음의 향기 온 세상을 덮는다.

기적을 삶 속에서 체험하며 믿음의 산증인이 되기를
념(염)원하는 목자의 심정 성도들 가슴 깊이 담았는가?
예상왕래하며 교통하는 그 모습을 주님 기뻐하시니
배납하며 헌신하는 성도들의 믿음 더욱 성숙해져가네.

장솔 나무뿌리 반석 깊이 내려 솔향기 바람에 날리고
로(노)대가들의 믿음은 성도들의 본이 되니 으뜸이라
안전등을 높이 들고 어둠을 밝히며 한 빛 되었으니
수고의 땀방울 광야의 열매되어 푸른 생명 되겠네.

집착하기보다는 편 손 되어 주의 사랑을 널리 전하고
사업가보다는 헌신하며 섬기는 주의 유업이 되었으니
장등에 불을 켜 어둠 속에 빛이 되고 주의 길을 밝히면
립(입)성하는 영혼들 신앙고백하며 영생의 구원을 얻는다.

권고와 권유로 화목을 이루니 교회는 반석 위에 서고
사파이어 보석처럼 빛을 발하며 주님의 증인되었으니
취임하는 직분자들의 믿음은 새롭게 더욱 성장하고
임재하신 주님 성령의 기름 부어 은혜 충만케 하시네.

예답다 하나님의 교회여 오늘 설립기념예배 드리는가?
배수하며 찬양하는 성도들 주님 영원하라 축복하시네.

* 세광교회 이전 축하를 드립니다

세광교회 이전 축하예배를 드리면서
감사의 마음을 삼행시에 담아 본 글입니다.

세상은 오랜 시간 속에 죄로 물들어 어두움 더할 때
광명은 어두움을 뚫고 빛을 발하며 새날을 알려오고
교리는 생명의 빛으로 듣는 자의 영혼 속에 스며들며
회중은 날마다 그 수를 더하며 주께 찬양을 드리네.

이산된 주의 백성들 동서 사방에서 짝을 이뤄 모여들고
전무후무한 은혜를 이곳에 내리시니 생명의 말씀이라
예빙된 성도들 경배드릴 때 주님 나의 자녀라 하시고
배상하는 무리들 위에 영생의 유업을 이으라 하시네.

담금질 속에 더욱 강인해진 믿음 주님 영광 받으시고
임재하신 주의 성령 사랑하는 자의 능력이 되셨으니

박구기에 담은 샘물 생수 되어 목마른 영혼을 살리시고
세례를 베풀어 죄를 씻되 온 세상 죄 씻기를 소원하니
철벽 속에 갇힌 심령들 거듭나 사랑의 성도들이 되고

목자의 소리 광야에 울릴 때 양떼는 그 소리 듣는가?
사모하는 성도들 경배 드리니 주님 손들어 축복하시네.

＊ 아내의 회갑을 축하합니다

아내의 육십 회 생일을 축하하면서 삼행시로
마음을 아내에게 전해 본 글입니다.

축하를 드립니다. 사랑하는 당신의 육십 회 생일 회갑을

반드시 하나님의 사랑은 성취된다. 믿어온 수많은 날들
태고 적부터 말씀해 오신 하나님의 사랑이 있었기에
순종의 삶 살아온 육십 년의 긴 생애 오늘 꽃피는가?

여인으로서보다는 어머니로서의 삶을 택한 길이었으니
사랑을 가슴에 품어 거친 세파 헤쳐 온 철의 여인이어라.

회상에 젖어있는 눈망울 아픈 추억 속에 잠겨 있는가?
갑절로 위로하시는 주님 사랑의 빛 햇살처럼 내리시니

육십 평생 품고 살아온 상처 봄눈 녹듯이 녹아 흐르고
십자가의 사랑 살포시 온몸으로 봄비 젖듯 스며드는가?
회집한 축하객 없어도 하늘 천사들 모여 축하노래 부르네.

생활이 어려워도 진리 안에서 인내함은 믿음 때문이라
신념으로 가슴 깊이 각인 되었으니 주님 주신 축복이어라.

✳ 축 카리스 타임즈 창간

카리스 타임즈 창간을 축하하며
기도하는 마음으로 삼행시에 담아 본 글입니다.

경운이 감도는 상서로운 날 새롭게 잉태된 카리스 해산하는가?
축망의 기도소리 울려 광야를 덮을 때 땅의 푸른 생명 깨어나고
창간에 고심하며 흘린 땀방울 빛의 에너지 되어 어둠을 밝히면
간행된 타임즈는 세상의 지식으로 어리석은 자의 영혼을 깨운다.

카리스 타임즈가 임진년의 밝은 태양처럼 세간에 얼굴을 내밀고
리플릿을 발판으로 삼아 웅지를 펴고 등용문을 넘어 웅비하는가?
스무우드하게 순항하는 구원의 방주되어 만인들의 칭송이 되어라.

타력에 의존하기 보다는 스스로 자각하며 자력으로 꽃을 피우고
임재하신 성령님의 축복 속에 지모웅략하고 지명인사가 되었으니
즈음하여 너 어둠을 밝히는 등불 되어 세상 만민의 빛이 되어라.

✳ 성약교회 이전 축하를 드립니다

성약교회 이전예배 드리면서
마음의 기도를 삼행시에 담아 본 글입니다.

성스럽다 거룩하고 고귀한 너 하나님의 사람아!
약속의 땅 바라보며 믿음으로 선지자의 길 가는가?
교의를 가르치는 그 소리는 온 누리에 울려 퍼지고
회중은 하늘 소리에 취하여 기쁨으로 경배 드리네.

이 그러진 영혼들을 위해 주께 엎드려 기도하더니
전 생애를 복음의 빛으로 사랑의 향기되어 살았는가?
예수님의 사랑이었구나 주님을 닮은 마음이었구나
배상하는 하나님의 백성들 춤을 추며 노래를 부른다.

이끌리듯 바벨에서 나온 너희는 하나님의 사람들이라
한 하나님이 너희를 부르시고 천국백성이라 하셨으니
나 홀로일 때 엄습한 아픔 주님 함께하시니 행복이어라.

목자는 광야의 소리되어 잃은 양을 찾아 외쳐 부르고
사명은 사랑의 향기되어 복음의 꽃으로 영원히 남는다.

✳ 새능력교회 목사임직 축하드립니다

새능력교회의 정 명옥 목사 안수 임직을 축하하면서
기도하는 마음을 삼행시에 담아 본 글입니다.

새벽을 깨우고 하늘 문을 두드리며 기도하는 주의 사자
능력 상실한 자 심방하며 위로와 권면으로 소망을 주고
력(역)불급하니 주님을 의지하고 하늘의 도우심 바라는가?
교정하는 목자의 소리 광야의 거친 성정을 바르게 하니
회중은 날마다 수를 더하며 주께 경배와 찬양을 드리네.

정설로 교리를 가르치며 복음 전하는 하나님의 사람아
명정언순하니 그 강도하는 소리에 산야가 귀 기울이고
옥로를 머금은 푸른 나무들 밝은 빛 햇살에 눈이 부신다.

목자의 길 험할지라도 양떼를 푸른 초장으로 인도하고
사명을 감당하라는 주님의 음성 들었기에 순종하는 길
안겨오는 어린 양 하나 크게 손 벌려 가슴으로 품었으니
수고하는 손 흑암을 가르며 엉겅퀴 가시덤불 뽑혀지리라

임직자의 흘리는 눈물 광야에 푸른 생명으로 피어나고
직분을 감사하는 선지자의 고백 위에 복음이 꽃피는가?
예배하며 도리를 가르치니 반석 위에 믿음을 건축하고
배수하며 경배하는 자들에게 주님 손들어 축복하시네.

✳ 육이오 기념예배

예장련 육이오 기념예배를 드리면서
육이오의 참상을 생각하며 삼행시로 옮겨본 글입니다.

예포를 울리는 유월은 호국청년들의 정신을 기리고
장고의 세월 흘렀어도 육이오의 상흔은 가슴으로 남아
련(연)합한 주의 사자들 이 땅의 통일을 위해 기도드리네.

육박전 하던 그날 절규의 함성소리 가슴 저려오는데
이념과 사상으로 병든 이 땅 주의 사랑으로 고쳐주시고
오계를 버리고 밝은 빛 하늘 아래 부끄러움 없게 하소서.

기라성 같은 젊은 남녀들이 피 흘려 지켜낸 이 조국강산
념(염)원하는 백성들 가슴에 품어온 소망의 꿈 민족의 통일
예호바 하나님이여! 이 거룩한 정신을 이 땅에 기리소서.
배견하는 주의 사자들 눈물로 평화의 통일 기원 드리네.

* 가나안교회 설립 축하를 드립니다

가나안교회 설립을 축하하면서
그 마음을 삼행시에 옮겨 본 글입니다.

가시버시 연을 버리고 하늘 소망을 바라보는 자여
나부시 엎드려 기원하는 소리 주님 오늘 들으셨는가?
안위의 하나님이 허락하신 영원한 안식이 있는 곳
교리로 성숙해진 성도들이 바라보는 약속의 땅 가나안
회중들이 모여 경배하며 찬양하는 거룩한 곳이라네.

설파되는 하나님의 소리 듣는 자의 영혼을 살리고
립(입)술로 고백하며 부르짖는 기도소리 하늘 문 열리는가?
예상왕래 하는 하늘 백성들 주님 손들어 축복하시니
배상하는 성도들이 날마다 그 수를 더하며 성장하겠네.

진복팔단의 교훈을 설파하며 천국 복음을 전파하니
현모의 마음으로 소외된 영혼 돌아보며 사랑을 베풀고
레위기의 제사장보다 더 존귀한 제사장 직분 받았으니

목양자의 길을 가며 그대 순례자의 노래를 불러라
사명의 길 가는 너 주님 축복하시리니 열매를 맺으리라

✳ 풍성교회 이전 축하를 드립니다

풍성교회 이전 예배를 축하하면서
축하의 마음을 삼행시에 담아 본 글입니다.

풍요로움 속에 영적 빈곤 신음하는 메마른 영혼들
성수불루하며 믿음으로 보살피면 깊은 잠 깨어나
교리에 귀기울이며 주님의 음성을 저들이 듣는가?
회중은 메뚜기 떼처럼 몰려와 풍성교회라 부르네.

이날 이때를 기다려 왔는가 주님이 예비하셨으니
전환 시기라 순종하며 새롭게 복음으로 단장하고
예복을 입은 주의 백성들 저 천성을 향해 가는가?
배명 받은 주의 사자 사명 감당하려고 기도드리네.

양떼를 쳐라 먹이라 명하신 주님의 뜻을 받드는가?
영도하며 외치는 소리 그 소리를 따르는 양무리들
희열 속에 기쁨으로 복음의 말씀 들으며 경배 드리네.

목자의 외치는 소리 사막에 흐르는 생수가 되고
사랑에 목마른 영혼들 깨어나 생명의 꽃을 피우네.

✳ 신년 하례식 예배

총회 신년 하례식 예배를 드리며
총회 발전을 기원하는 마음을 삼행시로 표현한 글입니다.

예수님을 따라 십자가의 길 가는 빛의 사자들이여!
장성한 믿음의 거목이 되어 복음으로 열매 맺는가?
합력하여 선을 이루며 그 향기는 온 땅으로 번져가고
동족애 보다 더 귀한 사랑 주님의 십자가 사랑이어라.

선교 사명을 받아 증인된 광야에 외치는 하늘 소리여!
교리를 가슴으로 전하며 생명의 말씀이 되었는가?
총회는 어두운 세상을 비추는 태양 빛 일출이 되고
회집한 빛의 사자들이 참 복음 전하며 노래를 부르네.

신년 새해 갑오년 저 푸른 초원을 달려라 백마처럼
년(연)두송을 부르며 생명의 씨앗 뿌리는 길가는 순례자
하늘 음성 듣는가? 잃은 양 찾으라는 주님의 그 소리
례(예)복 입은 주의 사자들 귀 기울이며 드리는 신년하례
식순을 따라 찬양하며 경배 드리니 주 영광 받으시네.

예모답다 복음으로 하늘 향기가 된 하나님의 사람들아!
배견하며 새해를 계획하는 선교총회 주님 축복하시네.

✳ 우리선교교회 설립 축하를 드립니다

우리선교교회를 설립하는 전도사님의 주님을 향한
사랑을 보며 기원하는 마음으로 삼행시에 담아본 글입니다.

우리는 주님의 사랑으로 하나 된 삼인의 동역자요
리얼리즘에 빠져있는 세상에서 주님만을 바라보고
선포하는 하늘 복음은 생명이 되어 열매를 맺는가?
교회는 말씀으로 성장하며 주님 영광으로 가득하고
교리를 외치는 전도자의 소리는 영혼을 울려 깨우니
회중들은 귀를 기울이며 주님께 감사 찬양을 드리네.

설립하는 자 주께 영광 돌리니 하늘 갑주 입혀주시고
립(입)술로 고백하는 감사와 찬양을 기뻐 흠향하시는가?
예상왕래하며 교제하는 성도들이 아름답다 하시고
배납하며 주님께 엎드린 종 손잡아 일으켜 힘 주시네.

담부지역하라 하시는 주님 말씀에 그 십자가졌는가?
임직자 가는 거친 광야 길에 주님이 함께 동행하시며
김(금)보다 귀한 믿음 주셨으니 주님을 향한 사랑이요
성령의 불꽃은 그 영혼 속에 타오르니 주님의 은혜라
남은 자만 구원을 받으리라 외치며 인내를 가르치고

전래된 하늘의 소리되어 잃은 양 찾는 전도자의 심정
도스려 마음을 다잡고 광야에 외치는 소리 되었으니
사명의 길 가는 자 주님을 향한 사랑의 노래를 부른다.

✱ 새능력교회 설립 축하를 드립니다

새능력교회 설립예배를 축하면서
그 축하의 마음을 삼행시로 표현한 글입니다.

새 하늘 새 땅을 바라보며 믿음의 길 가는 순례자여!
능력의 지팡이 들고 손들어 세상바다 흑암을 가르며
력(역)사 하시는 주님의 말씀을 따라 믿음으로 싸우는가?
교리를 외치는 소리 온 땅을 울리며 영혼에 스며들고
회중은 회복되어 찬양 드리니 주님이 영광 받으시네.

설왕설래하는 자들을 말씀으로 반석 위에 굳게 세우고
립(입)술로 신앙고백하며 오직 예수만 구원이시라 외치니
예복 입은 하늘 백성들 주님께 나아와 경배 드릴 때
배견하는 성도들 축복하시며 주님이 거룩하다 하시네.

정설로 말씀에 선 새능력교회 믿음의 꽃을 피우는가?
명정언순한 진리 귀로 듣는 자 깊은 잠에서 깨어나고
옥석혼효한 세상에 빛 되어 너는 선과 악을 분별하라
목자의 길 가며 하늘 복음 노래 부르니 양떼가 따르고
사랑으로 가슴에 주를 품었으니 생명의 꽃을 피우리라.

* 벧엘교회 확장 이전 축하를 드립니다

벧엘교회 성전확장 이전 예배를 축하하면서
그 축하의 마음을 삼행시에 담아 본 글입니다.

벧엘 위에 하늘 문 열리면 생명의 빛 내려와 영혼을 깨우고
엘리야의 심정으로 죄의 늪에 빠진 뭇 영혼들을 구원하며
교리를 외치는 영음의 소리 귀 기울여 듣는 자 회개하는가?
회중들은 통회하며 죄를 자복하고 의의 새 옷을 입는다.

성결하라 거룩하라 외치는 소리 교회의 근본 도리가 되고
전정에 가득한 주님의 은혜 이슬비처럼 영혼에 스며들면
확산되어 가는 믿음과 사랑 그 지경을 넓히는 교세가 되고
장외로 번져가는 그 소문 바람에 실린 믿음의 능력이어라.

이역부득하니 바꿀 수 없는 믿음과 주님을 향한 사랑이요
전향하는 자마다 오직 예수님만 의지하니 은혜 위에 은혜라
예견하는 능력 받았으니 믿음으로 바라보는 하늘 소망이라
배궤하며 경배 드리는 벧엘교회 위에 주님이 축복 하시네

서운이 감돌고 밝은 빛 서광이 비치니 은혜 가득히 내리고
종시 속에 빠져 있는 영혼을 구원하는 생명의 말씀이 되어
매지구름 비를 품어 내리니 벧엘 푸른 나무들 갈함이 없네.

목자는 복음을 가슴에 품고 광야의 길 가며 노래를 부르고
사명의 길 가는 목자 생명을 위한 주님의 십자가 사랑이라네.

✳ 소망교회 장로장립 축하를 드립니다

소망교회의 장로 장립과 권사 취임을 축하하면서
축하하는 마음을 삼행시로 표현해 본 글입니다.

소지자의 믿음은 성령의 기름부음 받아 직분을 받았으니
망운지정이라 사모하는 마음 하나님을 아버지라 부르며
교도하는 선지자의 음성 들으니 심령에 변화가 일어나고
회중들은 믿음의 향기가 되어가며 교회는 열매를 맺는다.

임직자 신앙 고백하는가? 소망교회는 반석에 세워지고
송백조의 변함없는 푸른 절개처럼 주님을 향한 일편단심
영광을 주님께 돌려드리며 오늘 기쁨으로 찬양을 드리네.

장구한 세월 속의 허상을 버리고 참 진리의 길 찾았으니
로송나무 그늘에 솔향기 되어 돌아오는 자의 위로가 되고
장등의 빛 어둠 속에서 방황하는 영혼들의 길을 비춰주며
립(입)술로 신앙 고백하며 찬양 드리니 주님이 영광 받으시네.

정련된 참 믿음은 정금과 같으니 순결한 빛으로 빛나고
향국지성 하는 기도는 주님의 나라를 기다리는 마음이요
순결무구하니 예수 그리스도의 십자가 보혈의 은총이라
권면하며 위로하는 은사를 받았으니 주님이 주신 권세요
사명을 잘 감당하라 하시는 예수 그리스도의 선물이라네.

임직자여! 주님이 오시는 그날까지 일어나 깨어 있으라
직분을 그대에게 주님이 맡기셨으니 경홀히 여기지 말며
예수 그리스도의 길을 따르며 바라보는 하나님의 사람아
배견하는 성도들의 빛 되었으니 주님 손들어 축복하시네.

✳ 장로교 백주년을 축하합니다

예장련이 장로교 백주년 기념예배 드리면서
주님하신 사역을 생각하며 그 마음을 삼행시로 담아본 글입니다.

제자 된 자 길 잃어 방황할 때 주님 찾아 오셔서
십계명과 율법의 언약 십자가 사랑으로 이끄시고
칠일에는 안식하며 하늘 비밀을 풀어 선포하시니
회중들은 기뻐 경배하며 주님께 찬양을 드리네.

예수님만 나의 구주시라 고백하는 예장련이여!
장로의 직무를 다하며 주님께 찬양을 드리는가?
련(연)합한 빛의 사자들 가는 길 장애물은 소멸되고
총대들이 진력할 때 어둠의 세력은 갈라지리니
회중들은 가르침을 받으며 지도자를 믿고 따르네.

장등의 빛은 저 멀리 어두운 길을 밝히 비춰주고
로고스를 사모하며 사랑을 전하는 주님의 전령들
교도하는 목자의 소리로 잠든 영혼들을 일깨우며
총대들의 나갈 방향을 이끄는 강력한 능력이 되고
회중들의 신뢰 속에 견고해져 가니 주님의 은혜라.

백년 세월은 반석에 뿌리 깊이 내린 거목이 되고
주님의 은혜로 성령의 열매를 너는 맺어 왔는가?
년(연)차 대회로 결속하니 주님 택하신 예장련이어라.

기억하라 예장련이여! 인류를 위한 십자가 사랑을
념(염)원하는 주님의 뜻을 깨달아 형제들을 깨우치니
예정 속에 택한 하나님의 백성들 경배 드리는가?
배견하는 예장련 위에 주님이 손들어 축복하시네.

* 총회장 이·취임식 축하를 드립니다

본 총회 총회장 이·취임식 예배를 드리면서 주님이 함께 하시기를 기원하며
실무 총회장님과 함께하셔서 총회를 이끌기를 바라는 마음을 삼행시에 담아 본 글입니다.

예수님만 나의 구주라 외치는 하나님의 사람들아!
장송에 하늘 바람 불어 솔향기 가득히 품어 날리며
합력하는 주의 사자들 부르짖는 믿음의 향기이련가
동역자들 가슴 속에 그리스도의 향기로 열매 맺는다.

선지자가 부르는 노래는 거친 광야에 꽃을 피우고
교리의 근본은 하나님의 말씀이라 외치는 그 소리는
총회원들이 믿음으로 고백하며 외치는 하늘의 소리
회합하는 주의 사자들 믿음으로 복음의 꽃을 피운다.

총명과 지혜를 주님이 주셨으니 지도자의 길을 가고
회동하는 하늘 백성들에게 복음의 진리를 가르치니
장등의 불빛은 어둠을 비추고 진리는 영혼에 빛이 되네.

이임 속에서 피어나는 꽃 내일의 밝은 미래를 보고
취항하는 합동선교호에 키를 잡은 자 함께하셨으니
임천하며 항해를 하는가? 맡긴 자의 생명을 보호하시며
식순 속에 묻어나는 믿음의 꽃향기 가슴으로 스며드네.

축일을 기다렸는가? 축가의 소리는 장내로 가득하고
하연을 베푸신 주님의 은혜를 찬양하며 영광 돌리네.

감구지회하며 꿈을 꾸는가? 깨어 내일을 계획하고
사례하는 마음으로 작은 자들의 믿음을 바로 잡아주며
예상왕래하니 총회는 더욱 확장되어 견고해져 가고
배견하는 하늘 백성들 위에 주님 손들어 축복하시네.

* 반석교회 담임목사 이 · 취임식 축하

반석교회 설립 십칠 주년을 맞아 원로 목사님 추대와 담임 목사의 취임 예배를 드리면서
축하하는 마음을 삼행시로 옮겨 본 글입니다.

반석에 뿌리 깊이 내린 솔 나무 향기 퍼지고
석등의 불빛 고요히 어둠 속의 길을 비춰주니
교리로 복음을 전하며 외치는 하늘의 소리에
회중은 응답으로 기뻐하며 주님께 영광 돌리네.

설립된 반석교회 제 십칠 주년 기념 감사 예배
립(입)성하는 자 구원받으니 주님의 은혜요 축복이라
십자가의 사랑 몸소 보이신 주님의 교훈을 따르며
칠천만 동포들의 염원 이 땅 평화의 통일 이루고
주님만이 나의 생명 나의 구주라 고백하는 무리여
년도는 바뀌어도 주님 향한 너의 믿음 변함 없으니

감사하라 하나님의 사람아 복음의 소리 너 외쳐라
사례하며 주님께 경배하라 그는 영원한 생명이시라

김(금)보다 더욱 귀한 생명의 말씀 믿음으로 품어
서천을 붉게 물들이며 온몸 태우는 붉은 태양처럼
수많은 사람들의 희망의 빛 되어 길을 인도하며
목자는 잃은 양을 찾아 광야의 소리 외쳐왔는가?
사랑의 주님 성령의 능력으로 함께 동행하시네.

원림에 젖어 스며든 은혜는 생명의 단비가 되고
로뎀 나무 아래 엘리야를 먹이시며 위로하신 주님
추대하며 섬기겠노라 다짐하는 교우들의 고백이
대견하고 흡족하다 하시며 주님 영광을 받으시네.

박구기에 담아주는 생수 목마른 영혼을 구원하며
현모의 현숙함은 거친 영혼 살리는 어머니가 되고
숙련된 믿음의 본은 성도를 향한 사랑이라 하시네.

담금질 속에 더욱 강해진 믿음 의의 열매를 맺고
임재하신 주의 성령 가슴에 스미어 빛을 발하시니
목자의 사명 헌신하며 그대 십자가의 길 가는가?
사랑의 열매 맺으며 따르는 자 주님의 영광 보리라

안수로 기름부음 받는 자 하늘 신령한 복 가득하고
수고하며 주님 섬기는 삶 교회를 더욱 빛나게 하네.

취항하는 반석교회 위에 복음 들고 탑승하는 자여
임명된 직분 주님 오시는 그날까지 잘 감당하고
예상왕래하며 성도를 섬기고 믿음의 본을 보이니
배상하는 성도들 본받으며 주님께 영광을 돌리네.

* 경기노회 목사임직 축하를 드립니다

경기노회 목사 안수 식에서 임직자들을 축하하는 마음을
삼행시에 담아본 글입니다.

경건한 하늘 백성들아 주님의 부활을 찬양하라
기적을 체험하며 주 예수 그리스도를 힘써 알고
노구장이는 하늘백성 찾아 그리스도께 중매하니
회복되어가는 주님의 나라 이 땅 위에 이루어지네.

김(금)빛보다 더 귀한 복음의 빛 가슴에 품었으니
성수불루하며 주님을 향한 믿음 더욱 견고해지고
남은 자를 찾아 주의 복음 전하며 구원을 이루네.

정석의 길 가는 자여 성령의 빛 그대 인도하시니
은빛 속에 젖어들어 순백으로 사명의 길 가며
숙련된 믿음의 향기로 성령의 열매를 맺어라.

홍보하는 자여 하늘의 복음을 그대 전하는가?
성결로 성화되어 가는 성도의 믿음을 바라보며
희열 속에 눈물로 감사하며 주님께 기도 드리네.

목양자는 주의 복음 외치며 광야를 순례하며
사명의 길 따라 십자가 지고 발걸음 옮기는가?
안수하며 기름 부으신 주님의 은혜를 찬양하며
수무품전이라도 땅 끝까지 전하리라 고백하네.

임직자여 잠깨어 일어나 하늘 빛 향기가 되어라
직분을 주님이 주셨으니 그 사명을 잘 감당하고
예정 속에 계획된 하나님의 뜻을 따라 순종하며
배석한 성도들을 일깨우며 주님께 경배 드리네.

✳ 목사님의 칠순을 축하드립니다

소망의 집 박 윤영 목사의 칠순 고희 축하 예배를 드리면서
삼행시에 담아 본 글입니다.

소망은 오직 하나님께 두고 칠십 년 동안 달려온 광야 길
망운지정이라 주님 계신 하늘 본향 집 그리워 바라보는가?
의기투합한 믿음의 자녀들이 여기에 모여 경배 드리니
집회의 소문은 하늘 향기처럼 동서 사방으로 번져가네.

박구기에 하늘 생명수 담아 광야의 목마른 자 마시우고
윤이 빛나는 흰 머리 칠십년 세월 함께 살아온 면류관
영생의 길 주님 따라가며 부르는 노래 주님 사랑해요.

목자의 심정 사랑의 십자가 지고 양떼를 보살피는가?
사명의 길 따라가는 순례자 하늘을 향해 기도 드린다.

칠보단장하여도 그리스도가 없으면 아무 유익이 없고
순년을 부르짖어도 주님이 없으면 아무소용이 없다오
고병들의 무용담처럼 그 믿음 고본에 기록되지 않아도
희년에 달려온 길 돌아보니 자국마다 주님 은혜이어라.

축하드립니다. 주님과 함께하며 살아온 희년의 기쁨
하객들의 축하소리 울려퍼지고 주님의 사랑 가득하니
예답다 노성이 희년에 주님께 드리는 믿음의 노래여~
배견하는 축하객들 소리 높여 찬양하며 경배 드리네.

✱ 목사임직을 축하드립니다

목사 임직을 축하하면서 그 축하하는 마음을
삼행시로 표현한 글입니다.

김(금)보다 더 귀한 믿음 그러기에 믿음으로 살고
미덥지 못한 성도들에게 신앙의 확신을 심어주며
자녀로 선택되었으니 믿음의 도를 다하라 가르치네.

신실한 믿음 눈물의 기도 오늘 주님이 들으셨는가?
근면 성실한 종의 기도 들으시고 주님이 축복하시니
자유하라 하시며 얽매였던 어둠의 사슬 끊으셨도다.

김(금)면류관을 주님 예비하셨으니 믿음의 증거요
영세불망의 직분 주셨으니 주님이 주신 큰 은혜라
춘삼월 만개한 영광의 꽃길 주님과 함께 가게 하소서

조문석사라 아침에 진리를 깨달았으니 죽어도 좋다는
정열을 쏟아 성도 섬기며 주님의 사역을 감당하는가?
애자지정으로 성도를 보살피는 삶 주님을 닮았음이라

목자여 깨어 일어나라 어둠을 밝히는 등불이 되어라
사랑이 식어져가고 불법이 성행하는 저 세상을 향해
안으로 갈무리된 진리의 복음으로 하늘 꽃을 피우며
수많은 영혼을 살리는 생명! 주님의 영광이 되어라.

임하소서 주의 성령이여 하늘 빛 생명으로 임하소서!
직분을 감당하며 산을 넘는 전도자의 능력이 되소서!
예배하며 경배하는 이곳에 주님 성령으로 임재하시고
배상하는 무리 위에 하늘 문 열어 복을 내려 주소서.

✳ 서울노회 목사임직 축하를 드립니다

서울노회 목사 안수 임직 예배를 드리면서
축하하는 마음을 삼행시에 담아 표현한 글입니다.

서원하며 믿음으로 달려온 임직자들의 눈물의 신앙고백
울림의 그 소리는 하늘과 땅을 울리며 가슴 벅차 오르고
노대가들의 참된 믿음의 경륜은 하나님의 선을 이루며
회집한 하늘 백성들 성령의 기름 부으심을 찬양 드리네.

이슬비 마른 땅 적시듯 푸른 나무들 열매 품어 익어가고
미숙하고 소외된 작은 자들을 찾아 가슴에 품으며
자녀들의 꿈과 희망을 심어주며 사랑을 노래 부르네.

이기합일 하듯이 성령은 말씀을 따라 합일이 되고
경외하며 섬기는 하늘 성도들의 그 믿음의 향기 속에
희색이 만안하니 그 미소는 천상에 핀 생명 꽃이어라.

문신 겸 선전관보다는 하늘 빛 복음의 선전관이 되고
남아수독오거서라 하였으니 목자는 학자의 길을 가며
순결무구한 참 진리를 좇아 하나님의 선지자가 되리라.

이념 속에 갇힌 논리보다는 참 복음의 진리를 논하고
성선설 성악설 논박하며 예수의 십자가 도를 전하니
훈화하는 소리는 생명을 구원하는 하늘의 소리이어라.

곽을 만들고 금으로 싸서 새 언약을 품었으니 언약궤라
금갑옷보다는 하나님의 전신갑주 입어 복음을 전하니
남다르다 주님 부르셨는가? 오늘 기름 부어 축복하시네.

목자의 가는 길에 주님 영광 가득하고 복음은 꽃피는가?
사랑이 식어가는 이 세대 속에 사랑의 불씨로 선택되어
임명된 너 하나님의 사람아 ~ 오늘 주님을 바라보는가?
직분자로 택하여 세우심은 너를 충성되게 여기셨음이라.

감구지회하니 가슴 깊은 곳에 주님 은혜 꽃처럼 피어나고
사례하며 경배 드리는 임직자들에게 예복을 입히시며
예정 속에 택하여 부르시고 직분을 주셨으니 주님의 은혜요
배견하는 임직자들의 손 잡아주시며 사랑한다 축복하시네.

✱ 주예닮교회 설립 축하를 드립니다

주예닮교회의 설립을 축하하며
기도하는 마음을 삼행시에 옮겨 본 글입니다.

주님 십자가 위에 핀 생명의 꽃향기 온 땅 가득하고
예루살렘 교회 성도들에게 빛나는 흰 옷을 입히시니
닮은꼴의 지상 교회 주예닮교회를 오늘 설립하시며
교리를 선포하시니 뭇 영혼들 살리는 생명수 샘이라
회집한 성도들은 기뻐 찬양하며 주님께 경배 드리네.

설왕설래하는 성도들에게 하늘의 음성을 들려주며
립(입)술로 고백하며 회개하라 외치는 전도자의 소리
예정 속에 말씀으로 세워진 교회 더욱 견고해지니
배견하는 성도들 믿음으로 반석 위에 굳게 서리라.

김(금)권 만능시대 속에서 오롯이 피어난 하늘의 꽃
영광의 보좌 위에 그윽한 향기 그대는 생명의 꽃향기
춘절을 기다리듯 푸른 나무들 주님 오실 날 기다리네.

목자의 기도 소리 주님의 마음 열리고 광야는 깨어나
사랑을 꽃 피우며 향기 가득한 생명의 노래 부르네.

* 새벧엘교회 설립 축하를 드립니다

새벧엘교회 설립과 장로 장립을 축하면서 기도하는 마음을
삼행시로 옮겨본 글입니다.

새 생명의 꽃으로 피어난 하나님의 거룩한 사람들아 ~
벧엘 땅 언약 위에 세워진 교회 새벧엘교회라 하는가?
엘리야 기도 소리 하늘은 비 내리고 땅은 열매 맺으니
교정되어 가는 믿음의 성도들은 더욱 성숙해져가고
회중들 모여 구원의 노래 부르니 주님 영광 받으시네.

설파되는 하나님의 말씀은 영혼을 살리는 생수가 되고
립(입)성하는 자마다 성령으로 거듭나 하늘의 성도가 되니
예루살렘 성은 구원받은 주의 백성들로 생기 넘쳐나고
배견하는 성도들 생명의 꽃이라 하시며 주님 축복하시네.

이념과 사상으로 일그러진 자화상을 진리로 깨트리며
경적을 울리는 주의 선지자 그대 외치는 자의 소리요
이 어두운 세상 불 밝히는 등불이요 생명의 빛이라
목자의 외치는 소리 생명 구하는 말씀의 소리가 되고
사명을 감당하는 주의 종 되어 광야에 샘물이 되리라.

전래지풍의 비밀은 그리스도 안에서 복음으로 밝혀지고
명정언순하니 모든 믿는 자의 귀감이 되는 빛의 삶이요
희열 속 환희의 미소 말씀으로 피어난 사랑의 꽃이여 ~

장고의 긴 세월 오직 주님만 바라며 믿음으로 살았으니
로(노)송 나무의 솔향기 날리듯이 삶의 향기로 가득하리라.

장등을 높이 들어 진리의 길 불 밝히면 어둠은 물러가고
립(입)술로 신앙고백하며 믿음의 길 따라가는 하늘의 백성들
예로서 영접하며 복음 전하는 자 주님 보내신 주의 사자라
배상하는 성도들이 아름답다 말씀하시며 주님 축복하시네.

Ⅳ _ 지혜 편(知慧 編)

스스로 지혜롭게 여기지 말지어다 여호와를 경외하며 악을 떠날지어다
이것이 네 몸에 양약이 되어 네 골수로 윤택하게 하리라 (잠 3:7~8)

"지혜롭다" 라는 것은
"마음의 소리를 들을 줄 아는 것" 입니다.
그러므로 말씀의 소리를 듣는 것은
영의 소리를 듣는 것과 같습니다.
말씀에 성령이 함께하실 때
하나님의 뜻을 이해할 수 있습니다.
우리 그리스도인은 성경말씀을
하나님의 말씀이라고 합니다.
그러나 이 말씀에
하나님의 성령이 함께 하지 않으면
하나님 뜻을 알 수 없고
그 말씀은 세상 학문과 다를 바 없습니다.
말씀의 뜻을 성령이 알려주는데
성령이 아니면 하나님의 뜻을
알 수가 없습니다. (고전 2:10~14)

1. 지혜

우리에게 '지혜' 하면 먼저 떠오르는 사람은 솔로몬 왕이다. 그리고 솔로몬의 잠언이 떠오른다. 성경은 "여호와를 경외하는 것이 지혜의 근본이라"고 한다(잠 9:10). 또한 "지혜가 제일이니 지혜를 얻으라"(잠 4:7)고 말씀하신다. 진실로 솔로몬은 하나님께 지혜를 구하였다. 하나님은 솔로몬의 꿈에 나타나 "내가 네게 무엇을 줄꼬 너는 구하라" 하신다(왕상 3:5). 솔로몬은 이 많은 백성을 재판할 수 있게 지혜로운 마음을 주셔서 주의 백성들을 재판하며 선악을 분별할 수 있게 하여 달라고 구하였다(왕상 3:9). 하나님은 솔로몬의 구하는 기도가 마음에 들었다. 하나님은 내가 네 말대로 네게 지혜롭고 총명한 마음을 주노니 전에도 후에도 너와 같은 자가 없으리라고 하였다(왕상 3:12).

그리고 솔로몬은 재판을 하게 되었다. 두 여인이 한 아이를 가지고 서로 자기 아이라고 싸움이 일어났다. 그때 솔로몬은 산 아이를 둘로 반을 나누어 두 여인에게 나누어 주라고 명하였다. 그때 한 여인은 내 것도 말고 저 여인 것도 되지 않도록 그렇게라도 하여 달라고 하였다. 그때 새파랗게 질린 한 여인이 자신은 필요 없으니 산 아이를 저 여인에게 주라고 하였다. 왕은 즉시 "아이를 해하지 말라." 명하고 그 아이를 산 채로 그 어미에게 주고, 그가 아이의 어머니"라고 판결하여 하나님의 지혜가 왕에게 있음을 보여주었다(왕상 3: 16~28).

지혜는 성경에서 히브리어로 '하캄'(הכם) 또는 '호크마'(הכמה)로 "지혜 있고 슬기롭고 재치가 있는 것"을 뜻한다. 어느 학자는 다른 의미로 이렇게 설명한다. 지혜는 히브리어로 '레브 쇼마'(לב שמע)라고 하였다. "마음에서 듣는다"라는 뜻이며, 영어 성경은 '언더스텐딩 마인드'(understanding mind)라 하며 이는 "마음으로 듣는다"로, 히브리어와 같은 뜻을 가진다. 이 의미는 첫째 : 하나님의 음성을 들을 수 있는 마음, 둘째: 백성의 소리를 들을 수 있는 마음, 셋째: 양심의 소리를 들을 수 있는 마음을 의미하며, 이것이 '지혜' 라고 말한다. 그러므로 하나님의 음성을 듣고 하나님의 뜻을 이해하려면 말씀을 깊이 묵상하라고 권한다. 깊이 생각하며 묵상할 때 양심의 소리를 듣는 것처럼 주님의 음성을 듣게 된다. 양심의 소리를 듣지 못하면 하나님의 소리도 듣지 못한다. 주의 말씀을 깊이 묵상하는 길이 주님을 만나는 믿음의 지혜인 것이다.

어느 군주에게 충성스러운 종이 있었다. 그러던 어느 날 종이 군주에게 엄청난 실수를 하여 군주를 힘들게 하였다. 군주는 노하여 그 종을 처형하기로 결심하였다. 그러나 평소에 충성스러운 종인지라 그 정을 생각하여 어떻게 네가 죽을 것인지 삼일 안에 결정하라고 하였다. 그러나 종은 삼일 다 되어가도록 근심하는 기색이 없었다. 삼일에 결정하였느냐고 주인이 묻자 종은 "예, 늙어서 죽겠습니다."라고 답하였다. 그 종은 늙어 죽을 때까지 주인에게 충성하였다고 한다.

2. 주님 뜻대로 쓰임 받는다

사람이라면 누구나 어릴 때 꿈과 희망을 품지 않은 사람은 없을 것이다. 그러나 장성하여 회년에 자신을 돌아보면 본인의 꿈과는 전혀 다른 방향으로 이끌려와 다른 일을 하고 있는 것을 보게 된다.

사울은 가말리엘 문하에서 수학하면서 바리새인으로 자신의 꿈인 랍비의 직위를 향해 달려가면서 그리스도인들을 핍박하였다. 그러나 다메섹 도상에서 주님은 그의 방향을 바꾸어 놓으셨다. 그리고는 아나니아에게 "그는 나의 택한 그릇이라고" 말씀하셨다(행 9:15). 주님은 대적자 사울을 복음 전하는 사도 바울이 되게 하셨다. 주님 뜻대로 쓰임 받게 된 것이다.

요셉은 야곱의 사랑 받는 아들이었다. 그런데 그의 형들이 시기하여 요셉을 애굽에 노예로 팔아버렸다. 그러나 하나님은 형제들의 악함을 선으로 바꾸시고 오히려 요셉을 애굽의 국무총리가 되게 하셔서 야곱과 그의 형제들이 흉년으로 굶어 죽게 된 것을 구원하셨다. 비록 요셉이 형제들에게 버림 받았지만, 하나님께 선택되어 쓰임 받는 기쁨은 무엇과도 비교 될 수 없는 기쁨인 것이다.

요단강가에 세 그루의 나무가 있었다. 세 나무는 서로 장래의 소망을 말하였다. 첫째 나무는 자신은 예루살렘의 재목이 되고 싶다고 하였다. 많은 사람들이 모여 하나님께 예배드리는 장소에 쓰임 받는 재목이 되고 싶다는 것이다. 둘째 나무는 많은 사람들을 실어 나르는 큰 범선이 되겠다고 하였다. 셋째 나무는 거목이 되어 많은 사람들이 뜨거운 폭양을 피하여 자신의 그늘 아래서 쉬고 많은 새들이 자신의 가지에 깃들어 평안을 갖는 안식처가 되겠다고 하였다. 그리고 오랜 후에 첫째 나무는 베어져 베들레헴 마굿간의 말구유가 되었다. 둘째 나무는 갈릴리 어촌의 조그마한 어선이 되었다. 셋째 나무는 갈보리 산 세 개의 십자가가 되었다. 그들의 소원은 이루어지지 않았다. 그들은 실망하였다. 그들 자신이 얼마나 귀하고 소중하게 쓰였는지 알지 못한 것이다. 그러나 우리는 그 세 나무가 주님의 뜻을 이루는데 귀하고 소중하게 사용되었음을 너무나도 잘 알고 있다. 자신의 소원대로 되지 않았으나 가장 값지고 소중하게 사용된 것이다. 자신이 작은 그릇이라고 부끄러워하지 말아야 한다. 보이지 않는 곳에서 이름 없이 쓰여진 당신이 바로 하나님 나라를 이루는데 귀하게 쓰여진 사람이기에, 우리의 뜻대로는 아니지만 주님의 뜻대로 쓰임 받은 것을 더욱 기뻐하고 감사해야 할 것이다.

3. 화목해야 한다

주님은 화목을 위해 십자가를 지셨다. 왜냐하면 화목과 화평을 이루는데 담이 되고 있는 죄의 담을 헐어버려야 하기 때문이다. "화목"은 헬라어로 '아포카탈랏소'(ἀποκαταλλάσσω)로, "전적으로 화해시키다"는 뜻이다.

하나님과 화목한 관계로 회복되려면 그 원인이 되는 죄의 담을 무너뜨려야 하기 때문이다. 주님이 전심전력을 다하여 십자가를 지심으로 죄를 소멸시키시고 우리는 그리스도 안에서 하나님과 화목이 이루어진 것이다. 성경은 "그는 우리의 화평이신지라 둘로 하나를 만드사 중간에 막힌 담을 허시고 원수된 것 곧 의문에 속한 계명의 율법을 자기 육체로 폐하셨으니 이는 이 둘로 자기 안에서 한 새사람을 지어 화평케 하시고 또 십자가로 이 둘을 한 몸으로 화목케 하려 하심이라"(엡 2:14~16)한다.

사도 바울도 주님이 우리의 화평이시라고 한다. 주님이 화평이시기 때문에 죄의 담을 십자가로 소멸하시고 죄에서 구원하시고 그리스도 안에서 하나 되어 하나님과의 화목을 이루신 것이다. 그러므로 그리스도인들의 단체(교회, 가정, 나라)는 화목과 화평으로 하나가 되어야 한다.

어느 마을에 우애가 좋은 화목한 형제가 살았다. 그들이 길을 가던 중 동생이 금덩어리를 주었다. 발견은 형이 하고 주운 것은 동생이었다. 형은 왠지 마음이 불편했다. 동생이 주운 금덩이를 형이 만져보자고 하였다. 이번에는 동생의 마음이 편치 않았다. 두 사람의 마음은 괴로웠다. 그러다가 나룻배를 타고 강을 건너게 되었다. 강 중간에 이르렀을 때에 형이 금덩이를 강에 던져 버렸다. 동생은 깜짝 놀라 소리쳤다. "그것은 내가 주운 것인데, 왜 강물에 던졌습니까?" 이때 형은 말했습니다. "우리는 언제나 화목하고 마음이 하나 되어 많은 사람들에게 칭찬을 받았는데 이 금덩어리 때문에 마음이 불편하고 괴로워서 되겠느냐? 차라리 불행보다 금덩이를 물속에 던져 넣는 것이 낫겠다고 생각되어 버렸다"고 하였다. 이후 두 형제는 더욱 하나가 되었다고 한다.

형제 사이를 불편하게 만드는 금덩이를 버림으로써 화목이 회복된 것처럼 하나님과 우리 사이를 가로 막고 있는 죄의 담을 주님이 십자가로 소멸시킴으로써 하나님과의 화목을 회복하게 된 것이다.

주님이 오신 본질적인 목적은 잃은 자를 찾아 하나님과 화목을 이루는 것이며, 이 길에 장애가 되는 죄의 담을 헐어 화평의 길을 여신 것은 주님의 십자가 희생으로 말미암은 것이다.

4. 거듭나다

주님은 "사람이 거듭나지 아니하면 하나님 나라를 볼 수 없다"(요 3:3)고 한다. 또한 "물과 성령으로 나지 아니하면 하나님 나라에 들어갈 수 없다"(요 3:5)고 한다. 그리고 거듭해서 "거듭나야 한다는 말을 기이히 여기지 말라"(요 3:7)고 하셨다.

"거듭나다"라는 헬라어는 '아노덴 겐나오'(ἄνωθεν γεννάω)로 "처음부터 다시 새롭게 된 것, 새롭게 거듭난 것"을 의미한다. 또 다른 단어는 '아나겐나오'(ἀναγεννάω)로 '중생하다, 다시 낳다' 라는 뜻이다. 성경은 "거듭난 것이 썩어질 씨로 된 것이 아니요 썩지 아니할 씨로 된 것이니 하나님의 살아 있고 항상 있는 말씀으로 되었다"(벧전 1:23)고 한다. 그러므로 살아있는 말씀으로 거듭난다는 것이다. 하나님 나라에 들어가는 첫 걸음은 믿음으로 거듭난 사람이 하나님 나라를 바라보며 들어갈 수 있는 것이다. 그러나 거듭나지 못하면 말씀을 듣고도 이해하지 못하기 때문에 하나님 나라를 보지 못하고 들어갈 수도 없는 것이다. 또한 거듭나지 못하면 교회의 의미를 알지 못하며, 영접하는 자는 하나님의 자녀가 된다는 것도 모른다. 라오디게아 교회가 주님을 문 밖에 세워두고 있다는 것은 거듭나지 못했기 때문이다. 주님은 어느 특정한 사람만 거듭나야 한다고 가르친 것이 아니라 모든 사람을 향해 말씀하신 것이다. "누구든지 거듭나지 아니하면 ~"이라는 보편적 표현을 하고 있기 때문이다.

"거듭나다"라는 표현은 일부분의 개조뿐만 아니라 인격 전체의 혁신을 의미하고 있다. 전체와 각 부분에 변혁이 필요하다면 전체적으로 모두 다 부패한 것이 틀림없기 때문이다. 그러므로 거듭 새롭게 나야만 하는 것이다. 성경은 "그러므로 땅에 있는 지체를 죽이라 곧 음란과 부정과 사욕과 악한 정욕과 탐심이니 탐심은 우상숭배니라 이것들을 인하여 하나님의 진노가 임하느니라 너희도 전에 그 가운데 살 때에는 그 가운데서 행하였으나 이제는 너희가 이 모든 것을 벗어버리라 곧 분과 악의와 훼방과 너희 입의 부끄러운 말이라 너희가 서로 거짓말을 말라 옛 사람과 그 행위를 벗어버리고 새 사람을 입었으니 이는 자기를 창조하신 자의 형상을 좇아 지식에까지 새롭게 하심을 받는 자니라"(골 3:5~10)(참조 엡 4:22~24; 고후 5:17)하신다. "물과 성령으로"하는 것을 어느 사람은 물은 옛 사람을 부인하는 것을 뜻하고 성령은 새 생명을 뜻한다고 말하는 사람도 있다. 크리소스톰은 물을 세례와 연관시키며 세례를 받을 때 하나님의 성령이 우리를 거듭나게 한다고 하였다. 그러므로 영생의 소망을 위해 세례가 절대적으로 필요하다는 믿음이 생겨난다는 것이다. 주님과 니고데모의 대화 속에서 니고데모가 거듭나지 않았기 때문에 복음을 받아들이지 못하고 이해하지도 못한다는 것이다. 그러므로 거듭나야만 복음을 이해하고 하늘나라를 볼 수 있다는 것이다.

거듭난다는 것은 자연현상을 따라 새로운 몸으로 다시 태어난다는 것이 아니라 물과 성령에 의하여 심령이 새롭게 된 것을 의미하는 거듭남인 것이다. 물이 우리의 몸을 씻어 깨끗하게 하는 것처럼 말씀이 우리의 속사람을 깨끗하게 하고 말씀이 있는 곳에 성령이 함께 하시기 때문에 '말씀과 성령'이 우리를 새롭게 거듭나게 하는 것이다. 또한 말씀과 성령으로 새롭게 거듭난 자는 선한 양심으로 하나님을 향해 찾아가는 것이다(벧전 3:21). 이것이 믿는 그리스도인의 거듭남인 것이다.

5. 거룩하다

"거룩하다"는 히브리어로 '카도쉬'(קָדוֹשׁ)이며 헬라어는 '하기오스'(ἅγιος)이다. 뜻은 분리나 잘라낸다, 끊다, 구별한다는 뜻에서 "성도, 성전, 거룩하다"이다. 거룩하다는 것은 구별되었다는 의미로 정규적으로 예배를 드리기 위해 구별된 것을 뜻한다. 창세기 2:3절에 일곱째 날은 여호와께서 구별한 날로서 거룩한 날이었다. 거룩함은 하나님의 속성으로 오직 하나님만 거룩하신 분이시다(출 15:11; 사 40:25). 하나님은 선과 진리를 기뻐하시는 공의의 하나님이시다(렘 9:24). 하나님의 성호를 욕되게 하는 것과 악을 미워하신다(레 20:3). 그리고 하나님께 속한 모든 것들 즉 물건과 장소들이 하나님에 의해 거룩하게 구별된다. 모세는 호렙산 떨기나무 불꽃에 호기심을 갖고 다가갔을 때 그곳에서 "네가 선 곳은 거룩한 땅이니 발에서 신을 벗어라"(출 3:5)라는 여호와의 음성을 들었다. 모세가 스스로 알 수 없었기에 하나님이 알려주신 것이다. 솔로몬 성전도 솔로몬의 기도를 들으시고 이 전을 거룩히 구별하여 하나님 자신의 이름과 눈과 마음이 항상 그 곳에 계시겠다고 자신을 알려 주셨다(왕상 9:3). 초기에 거룩하심의 개념은 도덕적 순결성과 관련이 있다. 성경은 "나는 나를 가까이 하는 자 중에 내가 거룩하다함을 얻겠고 온 백성 앞에 내가 영광을 얻으리라"(레 10:3)하셨다. 아론의 아들 나답과 아비후가 하나님 앞에 다른 불을 드린 것이 화가 되어 제단에서 불이 나와 그들을 심판하셨다. 하나님께 드려진 자가 거룩함의 순수성을 소홀히 한 것에 대한 진노이시다.

하나님의 거룩하심으로 부르심을 받은 백성들과도 관련이 있다. 하나님은 언약을 통해 이스라엘을 하나님의 거룩한 백성이 되게 하셨다(출 22:31). 하나님께서 거룩하시기 때문에 그의 백성들 또한 거룩해야만 하는 것이다(레 11:44). 하나님은 거룩한 분이시다. 따라서 이스라엘 자체로서는 거룩할 수 없으나 하나님께 구별되어 바쳐졌기 때문에 거룩한 것이다. 에드몬드 제이콥은 "하나님은 거룩하시다 그러기에 하나님은 언약을 맺기를 원하신다. 반면에 인간은 그 언약 안에 들어감으로써만 거룩해질 수 있다."고 말했다. 그러므로 하나님의 언약 안에서 거룩해지며 하나님의 언약이신 메시야 즉 그리스도 예수 안에서 거룩해지며 하나님과의 관계 속에서 세상은 신성으로 거룩한 세상이 될 것이다. 성경은 "오직 너희를 부르신 거룩한 자처럼 너희도 모든 행실에 거룩한 자가 되라, 기록하였으되 내가 거룩하니 너희도 거룩할지어다 하셨느니라."(벧전 1:15~16) 한다. 그러므로 믿는 우리는 믿음으로 말미암아 그리스도 예수 안에서 하나님께 속한 거룩한 자가 된 것이다.

6. 거울

　"거울"은 헬라어로 '카톺트리조마이' (κατοπτρίζομαι)이다. 뜻은 "자기를 거울에 비추다. 반영을 보다. 사물의 깨끗하고 정확한 이미지를 비추다. 비추어진 깨끗한 이미지를 지니다. 반사하다"이고, 또 다른 단어는 '에솝트론' (ἔσοπτρον)이다. 뜻은 "유리. 들여다 보기 위한 거울. 반사경"이다. 자신의 모습을 살펴보기 위해서 거울 앞에 서면 자신의 실체를 반영해주기 때문에 자신의 모습을 보게 된다. 그러므로 자신의 모습을 바르게 하고 바른 모습으로 하루를 시작한다. 거울은 거울 앞에 선 자의 실체를 반영하지 다른 자를 비추지는 않는다. 옛 이야기 속에 한 촌부가 한양에 갔다가 부인에게 선물을 하려고 동경(구리로 된 거울)을 사서 부인에게 주었다. 희미한 불빛 속에 비친 동경에는 처음 보는 여인의 얼굴이 비쳐졌다. 부인은 놀라서 왠 여인을 데려 왔느냐하며 동경을 던져버렸다는 우스운 이야기가 있다. 거울은 그 앞에 선 자의 실체의 사실만을 보여준다. 결코 없는 다른 것을 보여주지는 않는다. 그러나 우리 그리스도인이 매일 들여다 보아야 할 거울은 영적 거울인 말씀의 거울이다. 거울은 빛이 있을 때 그 모습의 실체를 보여주지만 빛이 없어 어두울 때는 아무것도 볼 수 없어 무용지물이 된다. 그러나 말씀의 거울은 어두울수록 선명하게 비춰준다. 그러므로 거울보고 우리의 외모를 고치듯이 믿는 그리스도인은 말씀에 비춰진 자신의 속사람의 그릇된 행실을 하나하나씩 고쳐 주님이 원하시는 영적인 사람이 되어야 할 것이다. 매일 말씀의 거울에 자신을 돌아본다하면서 언행과 삶의 성품이 변화가 없다면 말씀에 순종치 않는 것이며, 따르지 않으면 성령을 무시하는 것으로 하나님을 믿는 자라 말할 수 없다. 거울이 외모를 바로 잡아주듯이 말씀의 거울은 우리 믿는 자들을 바로 잡아주는 역할을 하는 것이다. 또한 말씀의 거울에는 성령이 함께하시는 것을 잊지 않기를 바란다.

7. 성공이란?

"성공"이란 "뜻을 이루다. 그 목적을 달성하고 이룬 것"을 뜻한다. 히브리어로 '카쉐르'(כָּשֵׁר)라는 뜻은 "똑바르다. 성공하다. 바르다. 옳다. 번창하다. 번성하다."이다. 헬라어로는 '휘기아이노'(ὑγιαίνω)이다. 뜻은 "건전하다. 진실한. 바르다. 타락하지 않다."로서 "신체적으로나 정식적으로 또는 믿음과 교리적으로 건전하고 바른 것"을 의미한다. 영어는 '썩시드'(succeed)이다. 뜻은 "성공하다. 번창하다. 성과를 거두다. ~의 뒤를 잇다. 상속하다. 계승하다." 등으로 "성도들의 성공은 그리스도의 뒤를 이어 계승하거나 믿음의 상속을 받는 것이 성공이라 할 수 있다." 그러므로 성공은 올바르고 신실한 마음으로 목적을 이루어야 진정한 성공이라 할 수 있을 것이다. 톨스토이는 성공에 대하여 말하기를 "세상에서 성공하는 사람은 비열하고 더럽혀진 인간뿐이다"라고 성공의 그늘을 조롱하며 비하시켜 말하였다. 그런가 하면 국제 민간 봉사단체 라이온스 클럽을 설립한 멜빌존슨은 "성공한 사람이란 남을 위해 봉사하는 사람"이라고 말하였다. 자신의 이기적인 욕망과 탐욕을 충족시키려 법과 질서를 무시하고 폭주하는 삶이 성공한 삶이라 할 수 있을까? 특히 나라를 위해 헌신하며 정치하겠다는 정치인들이 혐오스럽기까지 하다. 이 시대에 정치인으로서의 성공의 기준은 무엇인가? 나라는 무엇이며, 국민은 누구인가? 국민을 속이고 기만하는 정치인은 그 나라의 지도자로서 또는 정치인으로서의 실패자

일 뿐이다. 그리고 그리스도인으로서의 성공이란 주님의 소명을 따라서 목적을 이루었을 때 성공이라 할 수 있다. 주님도 목적을 위해 고난의 길을 가셨다. 주님은 죄 없으신 분이지만 만민의 죄를 대신하여 죄의 짐을 지는 것이 하나님의 뜻이기에 순종으로 십자가를 지셨다. 그리고 십자가 위에서 운명하시기 전 "다 이루었다"(요 19:30)고 말씀하셨다. 주님의 뜻은 하나님의 뜻을 이루시는 것이었다. 사람들은 성공을 해야 한다고 말한다. 그러나 무엇을 성공이라고 확신하며 말할 수 있을까? 성공의 기준은 무엇일까? 사람들은 수단과 방법을 가리지 않고 목적한 바를 이루는 것이 성공이라고 한다. 그러나 하나님의 사람은 주님의 뜻을 따라 성실하고 올바른 길로 행하여 뜻한 바를 이루었을 때 성공하였다고 한다. 그러나 그리스도인들은 성공이란 말을 잘 하지 않는다.

8. 생명의 존엄성

오늘날 풍요 속에 삶을 살아간다고 많은 사람들이 이구동성으로 말한다. 그러나 국민의 정서는 메마르고 상실되어가고 병들어가고 있다. 풍요로움 속의 빈곤이라 할까. 국민 삶의 질은 성장하여 국민 소득이 3만 달러가 넘는다고 한다. 그러나 영혼은 병들어가고 있다. 특히 생명의 존엄성은 상실되어가고 있다. 매일 보도되는 뉴스에는 인격모독은 다반사이고 자신의 욕망과 욕구를 채우기 위하여 살인과 시체유기라는 무서운 보도가 잦아지고 있다. 인간의 생명은 우주 천지에 그 어떤 것보다도 존귀한 것이다. 그러므로 인간의 생명이 그어떤 목적을 위해서 수단이나 방법이 되어서는 안 된다. 자신의 생명이 존귀하다고 생각한다면 빈부귀천 없이 모든 생명이 존귀하다는 것을 알아야 한다. 만일 인간의 생명을 하찮게 여기는 부류가 있다면 그는 생명의 존엄성을 상실해가고 있는 것이다. 슈바이처는 1차 세계대전을 경험하면서 많은 사람들이 죽은 것을 보고 인간의 생명이 도외시 당한다고 외쳤다. 그는 "생명을 살리고 촉진시키는 것이 선이고 생명을 죽이고 압제하는 것은 악이다"라고 하였다. 작금에 있어 많은 생명을 빼앗는 전쟁들을 하고 있다. 그러므로 전쟁을 일으켜 생명을 빼앗는 전범은 지도자라 하기보다는 인간의 생명을 빼앗는 사단의 도구일 뿐이다. 또한 생명의 존엄성을 상실하고 극단적 선택을 하여 자살하는 것도 죄악이다. 생명을 주신 주님의 뜻을 거역하는 불순종이기 때문이다. 생명을 하찮게 여기며 극단적 선택을 하는 것을 막을 수 있는 길은 오직 예수 그리스도를 믿고 주의 가르침 속에서 주님을 만나는 것뿐이다. 우리가 육체에 있는 한 언젠가는 모두가 죽는다. 성경은 "한번 죽는 것은 사람에게 정하신 것이요"(히 9:27)라고 말씀하신다. 그러므로 삶이란 소중한 것이다. 어느 누가 이런 말을 하였다. "늙음이 있어 젊음이 소중하고 자랑스러우며 아름다운 꽃도 지게 되어 있어 더욱 아름다운 것이다. 인생은 연습이 없다. 단 한 번의 기회가 있을 뿐이다."라고 하였다. 스쳐지나간 바람은 되돌릴 수 없고 흘러간 강물 또한 되돌릴 수 없다. 다만 지나온 인생 여정을 되돌아보면 회한만 있을 뿐이다. 그러므로 우리에게 주어진 생명은 단 한 번의 기회이기에 더욱 소중한 것이다. 또한 오늘날 성장제일주의로 향하고 물질만능주의 자본사회가 인간의 존엄성과 생명을 병들게 하고 있음을 알아야 한다. 삶의 질을 높이고 인간의 존엄성과 생명의 귀중함을 알아야 한다. 그러기 위해서는 주님이신 그리스도께로 돌아가야 한다.

9. 시련을 극복하라

"시련을 극복하다"는 헬라어로 '도키메'(δόκιμη)이다. 뜻은 "시련이나 장애물을 통과하거나 뚫고 넘어가는 것"을 의미한다. 그리스도인이 가는 길에는 크고 작은 시련이 닥치게 되어있다. 그때 우리는 주저하지 말고 믿음으로 그 장애물을 넘어야 한다. 그리스도인이 믿음으로 시련을 극복하려 할 때 주님이 함께하실 것이다. 성경은 예수께서 밤 사경에 바다 위로 걸어 제자들에게 오실 때 제자들은 놀라 "유령이라" 하며 무서워 소리질렀다. 주님은 "내니 무서워 말라" 하셨고 베드로는 "주이시면 나를 명하여 물 위로 오라 하소서" 하였다. 주님은 "오라" 하였고 베드로가 배에서 내려 물 위로 걸어서 예수께로 가는 도중 바람을 보고 무서워 물에 빠져갈 때 소리 질러 "주여 나를 구원하소서" 하니 예수께서 즉시 손을 내밀어 저를 붙잡으시며 "믿음이 적은 자여! 왜 의심하였느냐"하셨다(마 14:25~31). 베드로와 예수님은 같은 바다 위로 걸었다. 그러나 베드로는 바람과 파도라는 시험의 장벽에 부딪혔고 이때 주님의 도움으로 장애를 극복할 수 있었다. 믿음의 사람은 장애를 피하거나 포기하거나 좌절 속에 빠져 무기력한 자가 되는 것이 아니라 주님을 의지하고 시련을 극복하며 장애를 뛰어넘는다. 시련에 부딪혀 절망하며 극단적인 선택을 하는 것은 잘못된 선택이다. 시련과 시험은 극복하는 것이며 장애를 넘어가는 것이 믿음의 승리인 것이다.

이제 한 분 선교사님과 철학가의 선택을 이야기 하고자 한다. 영국의 선교사 윌리암 케리는 인도에서 언어를 십 년간 배우고 성경을 번역하였다. 그러던 어느 날 산책하는 사이에 강아지가 촛불을 넘어뜨려 번역한 원고를 태우고 말았다. 아마도 보통 사람들 같으면 강아지를 때리고 소리를 지르며 발을 동동 굴렀을 것이다. 그러나 윌리암 케리는 기도하였다. 그리고는 생각하였다. ‘하나님의 말씀은 일점일획도 변개함이 없어야 하는데 나의 불완전함을 아시고 하나님이 강아지를 예비하셨구나.’ 하고는 ‘하나님! 감사합니다.’ 하고 그후 다시 성경을 번역해 완성하였다. 윌리엄 케리는 어제의 슬픔의 시련을 극복하며 그 시련을 오늘의 시금석으로 삼은 것이다. 이는 하나님이 주신 믿음의 지혜이다. 그러나 프랑스의 어느 철학가는 자신이 수십 년 동안 연구한 논문이 화재로 인해 불에 타버리자 절망을 이기지 못하고 자살하였다. 이 철학가는 시련을 극복하지 못하고 극단적인 선택을 한 것이다. 참으로 지혜롭지 못한 선택이었다. 그러므로 우리 그리스도인들은 세상 바다 속에 이는 바람과 풍랑의 시련을 극복하며 장애의 장벽을 주님과 함께 넘는 믿음의 지혜로 모든 시련을 극복하시기를 기원한다.

10. 새롭게 하시는 주님의 섭리

"섭리"는 "우주를 다스리는 하나님의 뜻"이라 한다. 주님이 우리를 다스리시며 간섭하시는 것을 의미한다. 헬라어로는 '델레마'(θελημα)이다. 히브리어는 '쩨바'(צְבָא)이다. 뜻은 '하나님의 의향대로 또는 뜻대로 하려는 것'이다. 하나님의 창조의 섭리는 오늘날도 말씀과 성령으로 우리의 생애 속에서 섭리로 다듬어 새롭게 하신다. 그러므로 하나님의 창조의 섭리는 우리의 삶 속에 계속되고 있는 것이다. 야곱과 사울은 자의식과 이기심이 강한 대단한 사람들이라 할 수 있다. 그들은 욕망이라는 열차를 타고 폭주하듯 끊임없이 달려가는 사람들이었다고 할 수 있다. 그처럼 전형적이고 원초적인 인간의 모습을 가진 대표적인 인물이라 할 수 있다. 그러한 인간적인 모습이 하나님의 섭리로 새롭게 변화되었다. 야곱은 얍복강가에서 하나님의 사람과 씨름을 하여 환도뼈가 부러진 후 이스라엘이란 새로운 이름을 얻고 영적인 사람으로 변화되기 시작하였다. 사울도 그리스도를 만남으로서 바울이 되었다. 그리스도인이 되기 이전의 사울의 삶은 어떠했는가? 그는 그리스도인들을 핍박하는데 앞장선 사람이었다(행 26:9~12). 그는 고백하기를 자신이 훼방자요 핍박자요 포행자라고 하였다(딤전 1:13). 그가 다메섹 도상에서 주님을 만나지 못하였다면 그는 바리새인으로서 유대인의 선생 또는 종교인에 지나지 않았을 것입니다. 그러나 주님을 만남으로써 주님의 제자요 사도로 새롭게 되어 오늘날 세계적으로 기독교에 큰 영향을 미치는 그리스도의 사도가 되었다. 하나님이 야곱을 이스라엘로 사울을 바울로 새롭게 하셨던 것 같이 오늘 우리들의 삶 속에서 끊임없는 섭리의 손길로 다듬고 새롭게 하고 계신다. 우리를 다듬고 새롭게 하시는 과정에서 아프게 할지라도 상하게 하지 않으시며 혹 상할지라도 멸망으로 이끌지는 않으신다. 우리가 믿음으로 더욱 확신해야 할 것은 그리스도인의 위대한 생애는 자아가 부러질 때부터 새롭게 시작되는 것이다. 주님이 우리를 새롭게 하실 때에 조금은 아플지라도 장차 우리에게 다가올 영광과는 비교할 수도 없다는 것을 기억해야겠다(롬 8:18).

11. 마음의 상처

젊은이들이라면 누구나 장래의 꿈과 희망을 품고 성장한다. 그리고 세상을 향해 자신의 꿈과 희망을 이루기 위해 나아간다. 그리고 우리는 그들의 마음에 굳센 믿음과 강한 의지가 있을 것이라 생각한다. 그러나 사람의 마음은 유리잔과 같아서 자칫 잘못하면 말 한마디에도 깨어지고 금이 간다. 사람의 관계는 마치 유리잔을 다루는 것과 같다. 조금만 서로가 강하게 부딪히면 깨어지기 때문이다. 그러나 서로가 기분 좋게 부딪히면 아름다운 음률로 서로가 기분 좋게 울린다. 사람의 관계는 대화로서 소통이 이루어지고 관계가 깊어지기도 하고 깨어지기도 한다. 그러므로 상대방의 인격과 말을 존중하고 자신이 말할 때도 상대방을 헤아리고 깊이 생각하며 말하여야 할 것이다. 말은 본인도 상대방에게도 위로와 격려가 될 수도 있지만 상처를 줄 수 있기 때문이다. 성경도 "만일 말에 실수가 없는 자면 곧 온전한 사람이라"(약 3:2)고 말씀하신다. 그러므로 '말이란 서로 기분 좋게 부딪히는 유리잔과 같다'고 비유한 것이다. 어느 누군가가 이렇게 말하였다. "인간은 상처받는 생명체이다. 이 지구상에 어느 생명체보다도 더욱 상처를 받는 생명체이다. 가장 발달된 생명체가 가장 쉽게 상처를 당하게 된다. 인간은 양심과 의식이 발달될수록 보다 쉽게 상처받을 가능성이 많은 것이다"라고 하였다. 나도 공감한다. 그렇기에 말의 대화란 유리잔과 같다고 말하는 것이다. 그러나 우리 믿는 그리스도인들은 말을 쉽게 하는 사람들의 말에 또한 상처를 쉽게 받아서는 안 된다. 계곡물이 흘러 시냇물을 이루고 시냇물이 흘러 강을 이루고 강물은 흘러 바다로 들어간다. 바다는 강물들이 흘러들어 왔다고 상처받았다며 요동치지 않는다. 언제나처럼 고요하며 평온하다. 이것이 자연을 통한 주님의 가르치심이다. 또한 주님이 인자의 모습으로 이 땅에 오셨을 때, 주님은 마굿간 말구유에서 태어나셨고, 선한 것이 날 수 없는 나사렛 사람이라는 소리와 백성을 미혹하는 자라는 소리와 귀신의 왕 바알세불이 들린 자라는 소리를 들으셨고, 정신이상자와 참람한 자 또는 어리석고 못난 자라는 욕을 당하셨다. 그 때 예수님의 마음의 상처는 어떠했을까? 주님의 마음은 평온하셨고 마음의 상처를 받기는커녕 그들을 위하여 기도하셨고 십자가를 지셨다. 우리 그리스도인들은 그분의 제자이다.

12. 촛불

  오늘은 전기가 나가서 촛불을 켰다. 어둠 속에 초의 불꽃이 주위를 밝힌다. 자기 몸을 녹이며 불꽃으로 주위를 밝히는 촛불을 바라보면서 인생의 생애가 촛불과 같은 것이 아닌가 하고 생각한다. 인생은 마치 희극하는 연극무대 같다는 생각에 서글픈 마음이 밀려온다. 어릴 때는 부모 슬하에서 장성하고, 장성한 후에는 자식과 부모를 위하여 자기를 희생하는 인생들의 여정이 촛불과 같기에 하나님은 성전에 일곱 촛대를 밝히고 또 "일곱 촛대 사이로 다니시는 이"(계 2:1)라고 하신 것이다. "촛대"는 히브리어로 '메노라'(מְנוֹרָה)이다. 뜻은 "등불, 촛대"다. "교훈을 가르치는 선생"을 의미하기도 한다. 또 헬라어는 '뤼크니아'(λυχνια)이다. 뜻은 "등대, 촛대"이며, 또한 "교훈을 가르치는 선생"을 의미한다. 촛대를 교회로 상징하신다. 초는 자기 몸을 불사르며 주위를 밝히지만 스스로 얻는 것은 아무것도 없다. 오히려 자신의 몸을 불태워 세상을 밝히는 것으로 그 소명을 다한다. 그러면 그 촛대를 가리켜 우리에게 무엇을 가르치시는가? 우리의 삶은 무엇이며 부르신 소명은 무엇인가? 또한 무엇을 얻기 위함인가? 우리의 소명은 타오르는 작은 불꽃처럼 자신의 생을 스스로 소모시키면서 세상을 밝게 하는 것이다. 성경은 "너희는 세상의 빛이라." 하셨다. 우리가 주님을 따르면서 져야 할 십자가는 서럽기도 하지만 그 고난이 우리에게 가장 값진 보람된 인생의 의미를 깨우쳐 주기도 한다. 만일 국민들이 촛불을 들고 집회를 하였다면 그것은 나라를 걱정하는 순수한 마음으로 촛불처럼 자신을 희생하는 심정으로 나라를 걱정하며 집회에 동참하였으리라 믿고 싶다. 그러나 몇몇 정치인들이 끼어들어 그 정신을 희석시켜 그 촛불 희생 정신을 변질시켰다. 정치인들이 자신들의 야욕을 채우기 위해 촛불 혁명으로 성공했다며 촛불 정신을 왜곡하고 있다. 촛불 희생 정신은 그리스도의 정신이며 그의 몸된 교회의 정신이다. 촛불 정신으로 집회를 하였다면 자신들은 아무 유익을 바라지 말고 나라의 유익과 안녕만을 구했어야 한다. 그랬다면 오늘의 혼탁한 정국은 만들어지지 않았을 것이다. 촛불은 자기 희생이며 무슨 대가를 바라는 것이 아니다. 자신이 아닌 타인을 위한 배려의 정신이다. 진정 국민들이 촛불 집회에 참여한 것은 이 나라가 평안과 공의의 나라로 서기를 바란 것이다. 정치하는 사람들이 국민의 마음을 바로 읽고 나라를 위해 헌신하는 진정한 지도자들이 되어 나라를 강성부국으로 이끌기를, 이 땅에서 이기적이고 폭력적인 집회는 사라지고 평화로운 나라가 되기를 기도한다.

13. 기도

　사도 바울은 악한 자를 대적하기 위해서 "하나님의 전신갑주를 취하라"(엡 6:11)고 한다. 그리고는 방어용 무기 다섯 가지와 공격용 무기 두 가지를 말한다. 두 가지 공격용 무기는 "성령의 검 곧 하나님의 말씀을 가지라"(엡 6:17)하고 "모든 기도와 간구로 하되 무시로 성령 안에서 기도하고"(엡 6:18)한다. 말씀은 복음의 근원이요 기도는 능력의 근원이기 때문이다. 우리는 기도를 하되 한 번으로 끝나는 것이 아니라 끊임없이 끈질긴 기도를 하여야 한다(살전 5:17). 단 한 번이라도 빈틈을 보여 마귀로 틈타지 못하게 하여야 한다. 우리는 기도하다가 낙심하지 말고 주님의 응답을 기다려야 한다. 톰리즈 목사는 "한 형제를 구원하기 위해서는 그가 주님께로 돌아오기까지 끈질긴 기도와 기다림이 있어야 한다. 그러면 열릴 것이다"고 하였다. 마귀가 틈타지 못하도록 깨어있어야 한다. 그러나 우리가 기도할 수 있는 환경을 빼앗기면 평안과 의욕이 생기지 않는다. 열왕기상 17~19장을 읽어보라. 엘리야의 영적 승리 이후 이세벨에게 쫓겨 스스로 광야로 하룻길을 가서 로뎀 나무 아래에서 여호와께 죽기를 구한 엘리야가 있다(왕상 19:4). 그는 영적 전쟁에서 크게 승리하고도 마귀에게 틈을 보여 이세벨에게 쫓긴 것이다. 그러므로 우리는 더욱 깨어 있어 마귀에게 틈을 주어서는 안 될 것이다. 우리는 '기도' 하면 조지 뮬러 목사를 기억한다. 그 목사님은 기도의 응답을 5만 번이나 응답받았다고 한다. 또 그는 말하기를 "나는 잘 때에도 주님과 함께 자며 일어날 때도 주님과 함께 일어나 벅찬 감격 속에서 날마다 살아가고 있다."고 하였다. 그 말을 조금만 생각해 보면 그의 평생 주님과 함께 동행하며 응답 속에 살았다는 것이다. 그렇다. 우리도 주님과 함께 언제 어디서 무엇을 하든지 동행하며 그분의 응답 속에 살아야 할 것이다.

14. 세미한 소리

　성경에서 말씀하고 있는 "부르짖다"와 "세미한 소리"에 대하여 살펴보기로 한다. 먼저 "부르짖다"는 히브리어로 '카라'(קָרָא)이다. 뜻은 "(만난 사람에게 '말을 걸다' 라는 개념에서) 부르다, (자신을) 드러내다, (도움을 바라면서, 고함을 치면서) 외치다, 기원하다, 요구하다, 호소하다, 선포하다."이다. 또 다른 단어는 '솨바'(שׁוע)이다. 뜻은 "자유롭게 하다, 소리 높여 외치다, (도움을 요청하려고, 어떤 어려움에서 자유하게 되려고) 크게 소리치다, 부르짖다, 도와달라고 외치다."이다. 헬라어는 '크라조'(κράζω), 뜻은 "(까마귀처럼) 소리지르다, 외치다, 크게 부르다, 탄원하다, 구원을 요청하는 외침, 고함치다, 선포하다."이다. 성경에서 "부르짖음"은 '구원을 위한 부르짖음이요, 도움을 요청하는 외침"이다.

　그리고 "세미한 소리"는 히브리어로 '다크'(דַּק), 뜻은 "으스러진, 부서지다, 작은 조각으로 난도질하다, 티끌로 만들다, 부서지다, 부수어 가루를 만들다."는 뜻이며, '데마마'(דְּמָמָה)는 "조용함, 적막, 침묵, 고요, 잠잠함, 침묵하다."이며, '콜'(קֹל)은 "매애 우는 소리, 크게 울부짖음, 소리치다, 천둥소리, 소리를 내다."이다. 그러므로 '다크 데마마 콜'(קֹל דְּמָמָה דַּק)은 "세미한 소리"로, 엘리야가 하나님의 산 호렙산에서 들은 하나님의 세미한 소리는 "마음을 충동하는 소리요, 마음을 움직이는 소리요, 내 마음을 부수는 소리"라고 한다. "세미한 소리"는 꼭 조용하다는 의미만은 아니다. 하나님이 역사할 때 순종할 수 있는 마음의 상태에서 들려지는 하나님의 음성을 말하는 것이다. 달리 말하면 조용한 가운데서 마음을 작은 조각으로 난도질하여 티끌을 만드는 소리가 자신의 귀에는 크게 울부짖는 천둥소리처럼 들려질 수도 있는 것이다. 성경은 "여호와의 앞에 크고 강한 바람이 산을 가르고 바위를 부수나 바람 가운데 여호와께서 계시지 아니하며 바람 후에 지진이 있으나 지진 가운데도 여호와께서 계시지 아니하며, 또 지진 후에 불이 있으나 불 가운데도 여호와께서 계시지 아니하더니 불후에 세미한 소리가 있는지라"(왕상 19:11~12)한다. 세미한 소리 가운데서 하나님의 음성을 들었다면 우리도 하나님의 음성을 듣기 위해서는 조용한 묵상기도 훈련이 되어야 한다. 또한 부르짖어 기도한다 할지라도 십분은 조용히 기다려 주님의 음성을 듣는 자가 되어야 한다. 이후 엘리야는 선지생도를 가르친 이후에 불 병거를 타고 승천하였다.

15. 싯딤나무

"싯딤나무"는 히브리어로 '에쯔 쉬타'(עֵץ שִׁטָּה)로 광야에서 자라는 아카시아 나무이다. "찔리다"라는 의미에서 아카시아나무로 뿌리는 땅속 100m까지 뻗어있고 메마르고 척박한 땅에서 살아가기 위하여 뿌리를 깊이 내린 것이며 나무줄기는 뒤틀리고 삐뚤어져서 자란다고 한다. 그러므로 재목으로 쓸모없는 나무다. 그러나 하나님은 이 조각목으로 궤를 만들고 금으로 싸서 언약궤를 만들어 존귀하게 사용하셨다. 그리고 언약궤에 증거판인 십계명과 만나와 아론의 싹 난 지팡이를 담아두었다(출 25:10,21; 히 9:4). 또 이 싯딤나무는 성막의 지주대로 사용되었다. 하나님은 버려진 쓸모없는 것을 선택하셔서 귀하게 사용하신 것이다. 고난과 어려움의 시련 속에서 인내하며 극복하였을 때 강한 믿음과 굳은 신념과 의지가 생겨나 강한 나무가 된 것이다. 싯딤나무의 시련과 연단은 나무가 비틀리고 뒤틀렸으나 인내로 나무의 결이 단단하고 강해졌다. 또한 이 나무는 외면당하고 버림받은 것의 상징이기도 하다. 그럼에도 불구하고 하나님이 선택하셔서 귀하게 사용하신 것이다. 우리 그리스도인들도 외면 속에 버려진 쓸모없는 하나님 모르는 이방인에 불과하였다. 그런데 주님이 선택하시고 말씀과 생명과 영생의 떡이 되셔서 우리 안에 거하신다. 즉 말씀으로 우리 안에 오사 마음판에 각인되어 생명의 떡과 영생이 되셨음을 믿어야 한다. 또한 믿음의 길은 인내를 요하는 길이다.

* 싯딤나무

광야에 홀로 서 있는/ 너 가시 돋은 싯딤나무여!/ 척박한 땅 목마름 속에/ 살기 위한 처절한 몸부림/ 비틀리고 뒤틀린 몸/ 외면 속 버림받은 듯하나/ 허와 실은/ 주님이 판단 하시는 일/ 너 오롯이 살 수 있는 길/ 그 생존의 법칙/ 땅 속 깊이 믿음의 뿌리 내려/ 온 몸의 갈증 해소하고/ 어렵사리 광야에서 자라나/ 선택되었는가?/ 주님 눈 여겨 보심이 여/ 조각목 궤 만들라 하시고/ 언약의 말씀 담았으니/ 말씀을 품은/ 존귀한 언약궤 되었도 다./ 너 싯딤나무여 ~/ 주님의 은혜 택하심 입었으니/ 말씀 품은 그리스도인이어라/

16. 열매로 알리라

　성경은 "그의 열매로 그들을 알지니"(마 7:16)한다. "열매"는 헬라어로 '칼포스'(καρπος)로 뜻은 "자손, 행위, 행동, 열매"를 뜻한다. "알지니"는 '에피그노시스'(ἐπιγινώσκω)로 "인식하다, 전적으로 알게 되다, 분별하다."이다. 나무는 그 열매를 보고 사람은 그 삶의 행동을 보고 분별할 수 있는 것이다. "그의 열매로 그들을 안다"는 것은 두 부류를 말씀하고 있는 것이다. 선한 열매를 맺는 선한 나무와 악한 열매를 맺는 악한 나무가 있음을 나타내고 있다. "나무"는 '덴드론'(δενδρον)이라 하는데 "강직하고 튼튼한 나무"를 상징한다. 그리고 "좋은 나무"와 "나쁜 나무"로 나누어 말한다. "좋은"이란 '아가도스'(ἀγαθος)로 "선한, 덕 있는, 착한"을 뜻한다. "나쁜"은 '포네로스'(πονηρος)이다. 뜻은 "(본질적으로 본성에서 타락한) 사악한, 버려진, 악한, 유기된" 것을 뜻한다. 그리고 좋은 나무에서 산출된 열매를 아름다운 열매라 표현하는데 "아름다운"은 '칼로스'(καλος)로 뜻은 "선한, 덕스러운, 착한, 아름다운"이다. 그리고 "나쁜 나무"에서 산출된 열매를 "못된 열매"라 하는데 "못된"은 '사프로스'(σαπρός)로 뜻은 "썩은, 나쁜, 사악한, 쓸모없는, 불순한"이다. 이는 나쁜 나무에서 산출된 열매를 뜻한다. 그러므로 좋은 나무에서 아름다운 열매를 맺는 것은 본성이 착하고 선한 사람에게서 덕스러운 행동과 말이 나온다는 것이며, 나쁜 나무에서 못된 열매를 맺는 것은 그 본성에 악하기 때문에 못되고 사악한 행동과 말이 나온다는 것이다. 성경은 "너희가 죄의 종이 되었을 때에는 의에 대하여 자유하였느니라, 너희가 그때에 무슨 열매를 얻었느뇨 이제는 너희가 그 일을 부끄러워하나니 이는 그 마지막이 사망임이니라. 그러나 이제는 너희가 죄에서 해방되고 하나님께 종이 되어 거룩함에 이르는 열매를 얻었으니 이 마지막은 영생이라"(롬 6:20~22)한다. 죄에 의하여 맺은 열매의 그 마지막이 사망이라고 한다. 그러나 하나님의 종으로 살면서 맺는 열매는 영생에 이른다고 하는 것이다. 그러므로 우리는 선의 근본되시는 그리스도 예수를 영접하여 본성이 회복되고 아름다운 열매를 맺는 그리스도인이 되어야 한다. 오직 나쁜 습성을 성령으로 도려내고 좋은 본성을 회복시키실 이는 그리스도 밖에는 없다. 사람을 근본 하나님의 형상과 모양대로 지으시고 생기를 불어 넣어 주셔서 선하게 지으셨다. 그러므로 본성을 회복하려면 불순종의 죄를 제거하고 본성을 회복하여 선한 열매를 맺어야 하는데, 그 길은 오직 그리스도 예수 밖에는 없다.

17. 산

본 총회 연장 교육이 설악산 콘도에서 있었다. 그때 설악산 대청봉에 올랐다. 설악산은 양양군 인재군 사이에 있는 남한 3대 고산(지리산, 한라산)으로서 산악미는 남한의 제일 명산으로 손색이 없다. 설악산 주봉인 대청봉(1,708m)을 중심으로 인재 쪽을 내설악, 동해 쪽을 외설악으로 부른다. 나라가 분단되기 전에는 금강산에 가려 빛을 보지 못하다가 분단 후에는 관광지로 각광을 받고 있다. 화강암으로 된 기암괴석 깊은 수림 계곡과 줄 이어 달리는 산맥 줄기의 웅장함은 장엄한 기상을 일게 한다. 마치 잠자는 호랑이의 잘 발달된 근육처럼 그 매혹에서 눈을 떼지 못한다. 저 깊은 계곡에 산줄기 따라 불어 이는 바람을 가슴에 품으며 두 손을 들고 주님을 찬양한다. 이 아름다운 강산을 창조하신 주님의 솜씨를 노래하며 가슴에 새긴다. 이 거대하고 웅장한 태백산맥의 정기 하나님의 숨결이 살아 숨을 쉬듯이 내 영혼 내 가슴에 벅차오른다.

  * 산 !
  아 ～ 주님의 창조의 숨결/ 깊은 계곡마다 어려있었구나/ 수목들과 계곡에 흐르는 물/ 창조주 찬양하며 증거 하니/ 수천 년 흐름의 세월/ 피어오르는 물안개/ 그 역사 증거 하지 않는가?/ 나 오늘 아름다운 경관 속에 젖어/ 주님께 찬양 드리네./ 산등성이 줄기 따라/ 외롭게 서있는 고사목/ 천년 세월 속에/ 숱한 사연

품어 왔으니/ 산에서 배웠는가?/ 아무 말 없이 협곡 바라보며/ 홀로 서 있을 때/ 산 까마귀 찾아 날개깃 접는다./ 고사목 속마음 털어 놓아도/ 산 까마귀들 듣지 못하네./

　산은 폭풍우가 몰려와도 요동치 않고 거인처럼 막아주며 빗물은 계곡을 따라 강으로 흘러 보내고 계절 따라 꽃을 피우며 창조의 섭리 따라 자신이 해야 할 일만하며 우리에게 하나님의 섭리를 보여준다. 바다는 고요하다가도 바람이 크게 일면 풍랑을 일어 위협하지만 언제나 산은 변함없이 그 곳에서 바람을 막아주며 자기 본연의 자세를 떠나지 않는다.

18. 숲

    고요한 숲의 나라 아침 햇살에 푸른 나무 푸른 풀잎 끝자락에 맺힌 이슬이 영롱한 빛을 드러내고 함초로이 젖은 꽃잎은 순결한 여인처럼 향기 품어낸다. 산새들 노랫소리 계곡물 흐르는 푸른 잎 바람에 속삭이는 숨결소리 숲의 나라 자연의 숨소리이련가? 아우러져 노래를 한다. 칡넝쿨 뻗어 어린 꽃나무 휘감아 덮는다. 고요한 나라 숲의 꽃향기 사라지고 푸른 나무 풀잎들이 질식하며 탄식도 드높다. 하늘도 볼 수 없다. 하늘 향해 곧게 자란 편백나무도 탄식하며 가을이 오기도 전 편백나무 잎 빛바랜 소리를 낸다. 높은 가지에 앉은 까치와 텃새들이 무엇이 그리 좋은지 시간 가는 줄도 모르고 재잘거리며 수다를 떤다. 까치들이 시끄럽게 울어대고 할미새, 찌르래기, 수다쟁이 텃새 쥐박구리들이 떠들어 댄다. 도대체 무슨 소리 무슨 말을 하는지 모르겠다. 앞을 가늠할 수 없고 혼돈 속으로 빠져가는 숲의 나라 바라보며 탄식 소리만 절로 드높다. 주인의 눈길이 머무는 곳에 그의 손길이 닿아 아름다움을 더하고 평화로움이 깃들어 고요한 숨결 배어나와 평화로운 숲의 나라가 되어 지기를 바란다. 이 시대의 논쟁이란 정도를 논하는 이성적인 논리보다는 당론이요 탐욕과 자기 중심적인 논리요 공의는 찾아 볼 수 없으며 자기변명으로 합리화 시키는 논리요 이성적이지 못한 괴변에 지나지 않으니 그 논리에 회의를 느낀 지성들이 외면하고 눈과 귀를 막아버리니 무질서와 혼돈만 점증되어 갈 뿐이다. 오! 이 아름다운 숲! 이 나라 아름다운 이 강산을 누가 지킬 것인가? 오직 무궁화를 사랑하는 대한민국 사람들뿐임을 알아야 할 것이다.

* 숲 !

봄의 숨결/ 대지는 깨어 숨 고르는가?/ 작은 숲/ 새 울림의 소리/ 봄이 오는 바람 소리/ 푸른 빛 새싹 돋아/ 꽃 피어나는 속삭임 소리/ 산은 들었는가?/ 겨울나무 숲 깨어나/ 산새들 날아 울고/ 봄을 여는 기운/ 오늘 불어 내리면/ 나뭇가지 흔들리는 바람소리/ 숲은 깨어나/ 두견화 꽃 피우고/ 솔 나무 가지 위에 두견새/ 함께 봄을 노래 부른다/ 연녹색 잎 피어나/ 꽃잎처럼 밝은 미소 짓는다./

2.직 바램은… 항상 예수 그리스도를 깊이 생각하고 참 그리스도인이 되는 것

맺는 말

맺는 말

나는 이제 "참 빛 향한 믿는 자의 바램"을 끝맺고자 합니다. "바램"이란 믿는 그리스도인들의 소망이며 기도라고 생각합니다. 그러므로 주님을 향한 나의 "바램"은 계속될 것입니다. 내가 고독할 때 가까이 다가오셔서 평안으로 답해주시는 이는 오직 주님뿐이시기 때문입니다. 고독한 이 세상에서는 주님과 같은 동행자를 만날 수 없기 때문에 주님과 함께 동행하기 위해서라도 고독한 길을 걸어갈 것입니다. 주님은 내가 잠잠히 고요히 주님만을 바라면 나의 구원이 되시고 소망이 되어 주실 것이기 때문입니다(시 62:1~5). 또한 성경은 "너희는 가만히 있어 내가 하나님 됨을 알지어다."(시 46:10)라고 합니다. 그러므로 더욱 주님만을 바라고 모든 만물 속에서 주님의 살아계신 숨결을 느끼고 우리 가운데서 섭리하시는 주님께 영광을 돌리며 믿음의 길을 가야 할 것입니다. 또한 내가 바라보는 하나님은 사업의 성공을 이끌어주고 사람의 비위나 맞춰주며 아첨이나 받는 그런 하나님이 아니십니다. 하나님은 전지전능하신 하나님 아버지시며 모든 만물을 창조하신 분이시며 유일하신 구원자이시며 또한 지혜자이십니다. 이러한 분이시기에 우리 믿는 자가 고독한 믿음의 길을 갈 때 주님은 찾아오셔서 함께하시며 우리의 독백을 들으시고 위로와 격려해 주시며 "함께하자"라고 하십니다. 그러므로 이 세상 나그네의 길 갈 때 고독하나 외롭지 않고 오히려 그 길이 즐겁고 평안하게 되는 것입니다. 그러므로 참 빛 되시는 주님을 향한 마음의 소원을 바라며 주님과 동행하시기 바랍니다. 여기까지 함께하며 읽어주신 것에 감사를 드립니다. 이 세상 믿음의 성향이 맞지 않아 고독한 기독인이여 주님을 바라고 주님께 영광 돌려드리며 함께 동행하시기를 바랍니다.